高等院校会计专业

GAODENG YUANXIAO KUAIJI ZHUANYE

U0461266

财务会计综合模拟实训

CAIWU KUAIJI ZONGHE MONI SHIXUN

主　编／胡顺义　刘春玲　李元霞

副主编／李海洋　陈国英　吕慧珍

重庆大学出版社

图书在版编目（CIP）数据

财务会计综合模拟实训 / 胡顺义，刘春玲，李元霞
主编 . -- 重庆：重庆大学出版社，2024. 12. --（高等
院校会计专业本科系列教材）. -- ISBN 978-7-5689
-4943-9

Ⅰ. F234.4

中国国家版本馆 CIP 数据核字第 2024T35K40 号

财务会计综合模拟实训
CAIWU KUAIJI ZONGHE MONI SHIXUN

主 编 胡顺义 刘春玲 李元霞
责任编辑：龙沛瑶 版式设计：龙沛瑶
责任校对：谢 芳 责任印制：张 策

*

重庆大学出版社出版发行
出版人：陈晓阳
社址：重庆市沙坪坝区大学城西路 21 号
邮编：401331
电话：（023）88617190 88617185（中小学）
传真：（023）88617186 88617166
网址：http://www.cqup.com.cn
邮箱：fxk@cqup.com.cn（营销中心）
全国新华书店经销
重庆市正前方彩色印刷有限公司印刷

*

开本：787mm×1092mm 1/16 印张：22.5 字数：522 千
2024 年 12 月第 1 版 2024 年 12 月第 1 次印刷
印数：1-3000
ISBN 978-7-5689-4943-9 定价：56.00 元

前言

　　会计是经济管理的重要组成部分，是一门应用性较强的学科，强调理论与实际的结合。因此，会计教学必须重视学生动手能力的培养，以增强其分析和解决实际问题的能力，进而加深其对理论知识的理解。会计实训是深化会计教学改革必不可少的环节；是学生获取综合知识、提高专业技能的重要保证。我们本着培养应用型人才的宗旨，推动会计工作转型升级，创新创业助力能力提升，工匠精神助力职业发展，倡导"三坚三守"，推进诚信建设，结合多年的教学与实践经验，在吸收实训老师意见的基础上编写了本教材。

　　手工做账就是人工做记账凭证、登记账簿、编制财务报表。手工账是基础，只有掌握了手工账的原理，才能更好地驾驭财务软件。通过财务软件做账，会计人员只要录入记账凭证，就可以自动生成日记账、总账、明细账和财务报表。实现记账凭证的自动生成，是财务信息化的发展方向。

　　本教材以企业会计准则、税收法规为依据，精心设计了模拟公司的期初数据和本期经济业务。在此基础上，全面训练学生对经济业务确认、计量、报告诸环节的认知、理解与应用能力。本教材以企业的经济活动为主线，以涵盖企业经济活动全过程的仿真模拟实训资料为依托，手工模拟循环，并配合财务软件的电算化操作，让学生理理的基本流程，从而培养学生对企业实际业务的账务处理学生的专业技能和综合职业素养，以及综合分析问题的

　　通过本教程的模拟实训，学生可以完成一系列会计工作，主要包括：开设账簿体系、期初数据建账；根据本期模拟业务填制与审核原始凭证，根据原始凭证编制和审核记账凭证；编制科目汇总表；登记日记账、明细账、总账；成本核算；财产清查；试算平衡；对账与结账；编制财务报表；编制合并报表；纳税申报；财务决算。

　　与同类实训教材相比，本教材具有如下特色。

　　1. 体现了理实一体化。理中有实，实中有理，突破以往理论与实践脱节的现象，丰富课堂教学和实践教学环节，这不仅有利于培养具有创新能力、创造能力和动手能力的高素质应用型会计人才，而且是加强专业内涵建设、创新人才培养模式、提升人才培养水平的重要举措。

　　2. 实现了财税一体化。实训涉及增值税、城市维护建设税、教育

费附加、地方教育附加、房产税、城镇土地使用税、车船税、印花税、关税、企业所得税、个人所得税。训练各种税的纳税申报、企业所得税预缴和年终汇算清缴，有利于提高学生财税一体化方面的综合业务能力，打造财税管理方面的实用型人才。

3. 丰富了职工薪酬的核算。实训涉及工资、一次性奖金、职工福利费、养老保险、医疗保险、失业保险、工伤保险、生育保险、住房公积金、工会经费和职工教育经费的核算，以及个人所得税的代扣代缴。

4. 简化了成本计算工作。本企业属于多步骤复杂的大批量生产企业，企业设两个基本生产车间，产品成本采用逐步综合结转分步法核算，原材料采用计划成本法核算，产成品采用实际成本法核算，计算工作量适中。

5. 增加了合并报表的编制。实训涉及成本法调整为权益法，长期股权投资、投资收益、固定资产交易、存货交易、债权债务、递延所得税的抵销、四大合并报表的编制。

6. 兼顾了会计课堂教学内容。实训涉及存货、固定资产、无形资产、金融资产、长期股权投资、现金折扣、销售折让、借款费用、外币折算、债务重组、差错更正、所得税、日后事项等内容。

本教材由湖北经济学院胡顺义、湖北经济学院法商学院刘春玲、李元霞任主编，湖北经济学院李海洋、陈国英，湖北经济学院法商学院吕慧珍任副主编。参加编写的还有湖北经济学院付强、李益博，湖北经济学院法商学院刘安兵、邓小芬。本教材在编写过程中，承蒙湖北经济学院、湖北经济学院法商学院、中瑞湖北天遂税务师事务所、湖北奥博会计师事务所的大力支持，并提出宝贵意见，谨此表示衷心感谢。本教材既可作为会计专业、税务专业实验教材，也可供在职财会人员、税务人员参考使用。书中难免存在疏漏之处，敬请读者不吝指正。

编　者
2024 年 10 月

目录

第一章 公司基本情况

第一节 公司设立

公司是企业法人，有独立的法人财产，享有法人财产权。公司以其全部财产对公司的债务承担责任。

设立公司应当依法向公司登记机关申请设立登记。符合《中华人民共和国公司法》（以下简称《公司法》）规定的设立条件的，由公司登记机关分别登记为有限责任公司或者股份有限公司；不符合《公司法》规定的设立条件的，不得登记为有限责任公司或者股份有限公司。法律、行政法规规定设立公司必须报经批准的，应当在公司登记前依法办理批准手续。

依法设立的公司，由公司登记机关发放营业执照。公司营业执照签发日期为公司成立日期。公司营业执照应当载明公司的名称、住所、注册资本、经营范围、法定代表人姓名等事项。

设立公司必须依法制订公司章程。公司章程对公司、股东、董事、监事、高级管理人员具有约束力。

有限责任公司由一个以上五十个以下股东出资设立。设立有限责任公司，应当具备下列条件：①股东符合法定人数；②有符合公司章程规定的全体股东认缴的出资额；③股东共同制订公司章程；④有公司名称，建立符合有限责任公司要求的组织机构；⑤有公司住所。只有一个股东的公司，股东不能证明公司财产独立于股东自己的财产的，应当对公司债务承担连带责任。有限责任公司的注册资本为在公司登记机关登记的全体股东认缴的出资额。全体股东认缴的出资额由股东按照公司章程的规定自公司成立之日起五年内缴足。

设立股份有限公司，应当具备下列条件：①发起人符合法定人数；②有符合公司章程规定的全体发起人认购的股本总额或者募集的实收股本总额；③股份发行、筹办事项符合法律规定；④发起人制订公司章程，采用募集方式设立的经创立大会通过；⑤有公司名称，建立符合股份有限公司要求的组织机构；⑥有公司住所。

股份有限公司的设立，可以采取发起设立或者募集设立的方式。设立股份有限公司，应当有一人以上二百人以下发起人，其中应当有半数以上的发起人在中华人民共和国境内有住所。以募集设立方式设立股份有限公司的，发起人认购的股份不得少于公司股份总数的百分之三十五；但是，法律、行政法规另有规定的，从其规定。

有限责任公司变更为股份有限公司时，折合的实收股本总额不得高于公司净资产额。有限责任公司变更为股份有限公司，为增加资本公开发行股份时，应当依法办理。

《公司法》规定，公司可以设立分公司，分公司不具有企业法人资格，其民事责任由公司承担。公司可以设立子公司，子公司具有企业法人资格，依法独立承担民事责任。

筹建期间是指从企业被批准筹建之日起至开始生产、经营之日的期间。企业在筹建期间内发生的开办费包括人员工资、办公费、培训费、差旅费、印刷费、注册登记费以及不计入固定资产成本的借款费用等。取得各项资产所发生的费用和应由投资者负担的费用不属于开办费。开办费实际发生时，借记"管理费用"科目（开办费），贷记"银行存款"等科目。税法中开办费未明确列作长期待摊费用，企业可以在开始经营之日的当年一次性扣除，也可按照新税法有关长期待摊费用的处理规定处理，一经选定，不得改变。企业在从事生产经营之前进行筹建活动期间发生的筹建费用支出，不得计算为当期的亏损，企业自开始生产经营的年度计算企业损益。企业筹建期间无须进行企业所得税汇算清缴。发生的与筹办活动有关的业务招待费支出，可按实际发生额的60%计入企业筹办费，并按有关规定在税前扣除；发生的广告费和业务宣传费，可按实际发生额计入企业筹办费，并按有关规定在税前扣除。

武汉光谷机械有限责任公司经武汉市工商行政管理局东湖分局批准，于2020年年底筹建，2021年开始生产经营，拥有一个子公司（东湖机械有限责任公司）、一个合营企业（南湖机械有限责任公司），生产销售两种机械设备。武汉光谷机械有限责任公司坚持"诚信、合作、创新、高效"的企业精神，经过几年的发展壮大，企业的竞争实力不断增强，积极提高技术创新核心竞争能力，积极培育质量效益核心竞争优势，努力实现由国内领先到具有国际竞争力的历史新跨越。

企业名称：武汉光谷机械有限责任公司

地址：武汉市武汉大道128号

联系电话：027-885816×6　027-885816×7　027-885816×8

邮编：430068

企业类型：有限责任公司

法定代表人：郝运

注册资本：4000万元

注册日期：2020年10月1日

经营范围：生产销售机械设备

纳税人识别号：420044444466661236

开户行账号：工商银行东湖支行（基本户）128333333388888

开户行账号：建设银行南湖支行（一般户）126333333378788

营业执照是工商行政管理机关发给工商企业、个体经营者的准许从事某项生产经营活动的凭证。其格式由国家市场监督管理总局统一规定。营业执照的登记事项包括名称、地址、负责人、资金数额、经济成分、经营范围、经营方式、从业人数、经营期限等。营业执照分正本和副本，二者具有相同的法律效力。正本应当置于公司住所或营业场所的醒目位置，营业执照不得伪造、涂改、出租、出借、转让。

武汉光谷机械有限责任公司营业执照如图1-1所示。

营业执照

统一社会信用代码

名　　　称	武汉光谷机械有限责任公司
类　　　型	有限责任公司
住　　　所	武汉市武汉大道128号
法定代表人	郝运
注 册 资 本	肆仟万元
成 立 日 期	2020年10月1日
营 业 期 限	2020年10月1日至长期
经 营 范 围	生产销售机械设备

登记机关　武汉市工商行政管理局

2020年10月1日

每年1月1日至6月30日通过信用信息公示系统报送上一年度年度报告

国家企业信用信息公示系统网址：http://www.gsxt.gov.cn

图1-1　武汉光谷机械有限责任公司营业执照

第二节　机构设置

公司组织机构是指从事公司经营活动决策、执行和监督的公司最高领导机构。

武汉光谷机械有限责任公司设置五个部门：销售部、财务部、质量部、生产部、综合部。公司执行《企业会计准则》，属于增值税一般纳税人。企业所得税的征收方式为查账征收，分月预缴，年终汇算清缴，企业所得税税率为25%。公司属于多步骤复杂的大批量生产企业，设有材料和产成品两个仓库，一车间生产完工后直接转入二车间继续加工，二车间生产完工后的产品转入产成品仓库。企业采用逐步综合结转分步法。

该公司组织机构如图1-2所示。

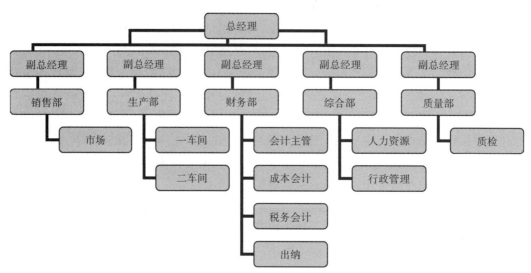

图1-2　武汉光谷机械有限责任公司组织机构

会计是财务的基础，财务离不开会计。会计面向过去，必须以过去的交易或事项为依据，对过去的交易或事项进行确认和记录。财务注重未来，是基于一定的假设条件，在对历史资料和现实状况进行分析的基础上，对未来的预测和决策。单位在机构、岗位的设置上，除不相容职务以外，财务与会计岗位可以重叠。单位会计机构负责人，同时也可以是单位财务负责人。会计工作岗位，是指一个单位会计机构内部根据业务分工而设置的职能岗位。会计工作岗位可以一人一岗、一人多岗、一岗多人。

会计的日常工作包括开具发票、填制凭证、登记账簿、申报纳税、缴纳税款、财产清查、对账结账、编制报表。大型公司岗位可以细化，设置会计主管岗位、出纳岗位、资金核算岗位、固定资产核算岗位、材料核算岗位、工资核算岗位、成本核算岗位、往来结算岗位、总账报表岗位、税务会计岗位、稽核岗位、综合分析岗位。

通常，财务部可以设置主管会计、税务会计、成本会计、出纳四个岗位。主管会计负责审核业务，调度资金，进行财务分析，制订财务计划，参与企业经营决策，负责财务部的全面工作。税务会计负责编制销售、债权债务、结算损益及利润分配等业务的记账凭证，登记有关明细账，计算各项税金及纳税申报，编制科目汇总表，登记总账，编制对外报送的会计报表。成本会计负责编制费用发生、分配及成本结转等业务的记账凭证，填写各种费用分配表和产品成本计算表，登记有关成本费用明细账，编制材料采购、入库、领用业务的记账凭证，计算及分摊材料成本差异，登记材料有关明细账，编制固定资产购建、折旧、清理、清查等业务的记账凭证。出纳负责办理资金的收付业务，登记现金和银行日记账，编制现金及银行存款日报表。

会计负责审核资金收付凭证、编制转账凭证、登记账簿并进行账账、账实核对、负责结账、编制会计报表、各项税费的纳税申报以及负责凭证的装订及保管。

出纳是管理货币资金、票据、有价证券进进出出的一项工作。具体地讲，出纳是按照有关规定和制度，办理本单位的现金收付、银行结算及有关账务，保管库存现金、有价证券、财务印章及有关票据等工作的总称。出纳人员不得兼管收入、费用、债权、债务账簿的登记工作，不得负责稽核工作和会计档案保管工作。登记银行存款日记账时先分清账户，避免张冠李戴。每日结出各账户存款余额，以便了解公司资金运作情况，调度资金。每日下班之前填制结报单。印章必须妥善保管，严格按照规定用途使用。空白收据必须严格管理，专设登记簿登记，认真办理领用注销手续。在进行报销审核时，要注意在支付证明单上经办人是否已签字，证明人是否已签字，总经理是否已签字，原始票据是否有涂改，大、小金额是否相符，报销内容是否合理。每月将银行存款日记账与银行对账单逐笔核对，编制银行存款余额调节表。

现金收付要当面点清金额并注意票面的真伪，若收到假币予以没收。现金一经付清，应在原单据上加盖"现金付讫章"。把每日收到的现金送到银行，不得"坐支"。库存现金不得超过银行核定的限额，超过部分要及时存入银行，不得以白条抵充库存现金，更不得任意挪用现金。根据已经办理完毕的收付款凭证，逐笔登记现金日记账，当日的收支款项当日必须入账，并结出余额。每日终了，现金的账面余额要同实际库存现金核对相符，如有差错，要及时处理。一般不办理大面额现金的支付业务，支付用转账或汇兑手续，特殊情况需审批。员工外出借款无论金额多少，都须总经理签字、批准并用借支单借款。若无批准借款，引起纠纷，由责任人自负。对于现金和各种有价证券，要确保其安全和完整无缺，如有短缺，要负赔偿责任。要保守保险柜密码，保管好钥匙，不得随意转交他人。

财务部也可以设置主管会计（兼审核）、记账会计、制单会计、出纳四个工作岗位。主管会计负责组织公司的日常核算，对公司发生的各项经济业务进行审核，制订公司内部控制制度，审核记账凭证，编制财务预算，登记总分类账，编制财务报表，整理和管理会计档案。记账会计负责登记各种明细账，开具发票，清查财产，管理往来款等会计管理工作以及保管发票专用章。制单会计负责编制记账凭证，核算固定资产及期末账项的处理。出纳负责现金收付和银行结算业务，登记现金日记账和银行存款日记账，保管财务专用章及发放工资。

制单是根据原始凭证编制记账凭证。记账是根据记账凭证登记各种账簿。一般小单位（或公司）制单和记账是同一个人完成，大单位（或公司）制单和记账不是同一个人，而是由多个人分别完成，所以记账凭证上就分制单、记账两个签名项。大多数单位，与现金和银行存款有关的业务出纳制单，会计记账，转账业务则是会计制单，会计记账。

第二章 公司财务制度

公司的会计期间分为年度和中期，会计年度为自公历1月1日起至12月31日，中期包括月度、季度和半年度。公司以人民币为记账本位币。公司采用科目汇总表账务处理程序进行账务处理。公司为增值税一般纳税人，企业所得税率为25%，采用查账征收方式，月度按照实际利润额计算预缴企业所得税。企业取得的增值税专用发票应于当天办妥勾选确认，取得的海关专用缴款书应于当天办妥交叉比对并取得回执。

第一节 资产的核算与管理

一、货币资金

企业应当设置库存现金日记账，由出纳人员根据收付款凭证，按照业务发生的时间顺序逐笔登记。每日终了，应当计算当日的现金收入合计额、现金支出合计额和结余额，将结余额与实际库存额核对，做到账款相符。企业应当设置银行存款日记账，由出纳人员根据收付款凭证，按照业务发生的时间顺序逐笔登记。每日终了，应结出余额。银行存款日记账应定期与银行对账单核对，至少每月核对一次。

库存现金不得超过限额，严禁白条抵库。严格执行现金收支管理，除一般日常零星支出外，必须通过银行办理转账结算。银行账户必须遵守银行的规定进行开设和使用，支票由专人保管。财务专用章、公司法人章及支票必须分开保管，公司法人章由办公室主任负责保管，财务专用章和支票由出纳负责保管，不得由一人统一保管使用。严格资金使用审批手续，所有款项的支付须经公司主管领导批准。

公司各部门应根据工作需要，事先拟订支出计划，报总经理同意后，再由经办人按规定办理借支或报销手续。公司员工报销，需经下列审批程序：经办人申请—部门经理签字—总经理签字—出纳付款。公司为增值税一般纳税人，原则上所有的报销款均需取得增值税专用发票。若实在无法取得增值税专用发票，报公司批准后，也需取得增值税普通发票，不得白条报销。业务经办人要查验发票真伪，业务经办人与审单人员共同对所报销发票真伪负责。假发票一律不得报销。审核无误、粘贴合格、签批完整的单据才能报销。

对于特定岗位实行备用金借款，具体由各部门根据实际情况核定，报总经理批准后执行。所有借款均遵循前账不清后账不借的原则。银行印鉴必须专人保管。保管人员必须坚守职责，未经领导批准，不得将印章带出办公室，不得私用，不得委托他人代管。

二、应收账款

应收账款采用备抵法核算。企业应当始终按照相当于整个存续期内预期信用损失的金额计量其损失准备。应收账款管理，其根本任务就在于制订企业自身适度的信用政策，努力降低成本，力争获取最大效益，从而保证应收账款的安全性，最大限度地降低应收账款的风险。应收款项是无条件收取合同对价的权利，即企业仅仅随着时间的流逝即可收款，而合同资产并不是一项无条件收款权，该权利除了时间流逝之外，还取决于其他条件。

三、应收票据

企业应设置应收票据备查簿，逐笔登记商业汇票的种类、号数和出票日、票面金额、交易合同号和付款人（或承兑人、背书人）的姓名或单位名称、到期日、背书转让日、贴现日、贴现率和贴现净额以及收款日期和收回金额、退票情况等资料。商业汇票到期结清票款或退票后，在备查簿中应予以注销。

四、存货

存货包括原材料、在产品、产成品、周转材料等。存货采用永续盘存制，公司对存货进行定期盘点。资产负债表日存货按照成本与可变现净值孰低计量。原材料、周转材料采用计划成本法核算，低值易耗品在领用时采用一次摊销法核算。原材料和周转材料月末根据出库单编制的材料发出汇总表结转。产成品按实际成本核算，采用先进先出法。采购价值大的大宗用品或长期需用的物资，必须向3家以上供应商摸底询价，并签订供货协议。企业应加强存货采购管理，合理运作采购资金，控制采购成本，控制存货库存，减少储备资金占用，加速资金周转。

五、固定资产

公司的固定资产采用年限平均法按月计提折旧。固定资产的折旧率按固定资产原值、预计净残值和折旧年限计算确定。折旧方法和折旧年限一经确定，不得随意变更。公司应当至少于每年年度终了，对固定资产的使用寿命、预计净残值和折旧方法进行复核。固定资产使用寿命、预计净残值和折旧方法的变更应当作为会计估计变更。固定资产应当按月计提折旧并根据用途计入相关资产的成本或者当期损益。公司当月增加的固定资产，当月不计提折旧，从下月起计提折旧；当月减少的固定资产，当月仍计提折旧，从下月起不计提折旧。

固定资产按实物形态分为房屋及建筑物、机器设备、电子设备、运输设备及其他设备五大类。为了反映和监督各类或各项固定资产的增减变动情况，管好用好固定资产，除了进行总分类核算外，还需要设置固定资产卡片和固定资产登记簿进行明细分类核算。固定资产登记簿以及固定资产卡片上各项固定资产原价总和，都必须与总分类账的"固定资产"科目的余额核对相符。每年年终必须进行一次固定资产盘点，做到实物和账表记录相符，核算资料准确。对固定资产的遗失、损坏，要查明原因，明确责任，做出适当处理。

承租人对所有租赁均要确认使用权资产和租赁负债，并分别计提折旧和利息费用（简化处理的短期租赁和低价值资产租赁除外）。

六、无形资产

企业摊销无形资产，应当自无形资产可供使用时起，至终止确认时止。使用寿命有限的无形资产，应当自取得当月起在预计使用年限内分期平均摊销，企业当月增加的无形资产，当月开始摊销；当月减少的无形资产，当月不再摊销。使用寿命不确定的无形资产不应摊销。企业取得的土地使用权作为无形资产核算并按规定摊销。自行开发建造的厂房等建筑物，土地使用权与建筑物应当分别进行摊销和计提折旧。

企业外购的软件，凡符合固定资产或无形资产确认条件的，可以按照固定资产或无形资产进行核算，其折旧或摊销年限可以适当缩短，最短可为2年（含）。

七、金融资产

企业应当根据其管理金融资产的业务模式和金融资产的合同现金流量特征，将金融资产分类为以摊余成本计量的金融资产、以公允价值计量且其变动计入其他综合收益的金融资产和以公允价值计量且其变动计入当期损益的金融资产三类。

交易性金融资产按其类别和品种，分别通过"成本""公允价值变动"等进行明细核算。债权投资按其类别和品种，分别通过"成本""利息调整""应计利息"等进行明细核算。其他债权投资按其类别和品种，分别通过"成本""利息调整""应计利息""公允价值变动"等进行明细核算。利息调整采用实际利率法进行摊销。其他权益工具投资按其类别和品种，分别通过"成本""公允价值变动"等进行明细核算。

八、长期股权投资

长期股权投资是指投资方对被投资单位实施控制、重大影响的权益性投资以及对其合营企业的权益性投资。投资方能够控制被投资方，采用成本法核算，成本法核算下的长期股权投资分为同一控制下的企业合并和非同一控制下的企业合并。投资方对于被投资方具有共同控制或重大影响，采用权益法核算。

第二节 负债的核算与管理

企业的负债包括短期借款、应付票据、应付账款、应付职工薪酬、应交税费、应付利息、应付股利、其他应付款、长期借款、应付债券。各项负债应按实际发生额计价。

一、短期借款

短期借款核算是指企业向银行或其他金融机构等借入的期限在1年内的各种借款。短期借款按月计提利息，到期支付本息。

二、应付票据

企业设置应付票据备查簿，详细登记商业汇票的种类、号数和出票日期、到期日、票面金额、交易合同号和收款人姓名或单位名称以及付款日期和金额等资料，商业汇票到期结清票款后，在备查簿中应予注销。

三、应付账款

应付账款按照对方单位（或个人）进行明细核算。企业应从战略高度出发，有目的、有系统地管理好与供应商的关系，只有加强对应付账款的管理，才能使自己在市场竞争中处于有利的地位。

四、应付职工薪酬

职工薪酬是指企业为获得职工提供的服务或解除劳动关系而给予的各种形式的报酬或补偿。职工薪酬包括短期薪酬、离职后福利、辞退福利和其他长期职工福利。

"五险一金"缴费基数按照本人上年度月平均工资核定；新设立单位的职工和用人单位新增的职工按照本人起薪当月的工资核定。本人上年度月平均工资或起薪当月的工资低于上年度全市职工月平均工资60%的，按照上年度全市职工月平均工资的60%核定；超过上年度全市职工月平均工资300%的，按照上年度全市职工月平均工资的300%核定。

企业发生的职工福利费，应当在实际发生时根据实际发生额计入当期损益或相关资产成本。职工福利费为非货币性福利的，应当按照公允价值计量。企业每月应按全部职工实际工资总额的2%向本企业工会拨交工会经费，但必须收到专用收据才可以所得税税前扣除。企业有依法履行职工教育培训和足额提取教育培训经费的责任，企业按照职工工资总额的8%提取教育培训经费。

企业应区分为工资薪金支出和职工福利费支出，属于工资薪金支出的，准予计入企业工资薪金总额的基数，作为计算其他各项相关费用扣除的依据，按规定在税前扣除。

属于职工福利费支出的，按规定在税前限额扣除。

五、应交税费

目前，我国共有增值税、消费税、企业所得税、个人所得税、资源税、城镇土地使用税、房产税、城市维护建设税、环境保护税、耕地占用税、土地增值税、车辆购置税、车船税、印花税、契税、烟叶税、关税、船舶吨税等18个税种。其中，16个税种由税务部门负责征收；关税和船舶吨税由海关部门征收；进口货物的增值税、消费税由海关部门代征。除税金外，企业还需要交纳教育费附加、地方教育附加、残疾人就业保障金等规费。

（一）增值税

在中华人民共和国境内销售货物、服务、无形资产、不动产，以及进口货物，应当缴纳增值税。增值税为价外税,应税交易的销售额不包括增值税税额。

应税交易是指销售货物、服务、无形资产、不动产。销售货物、服务、无形资产、不动产，是指有偿转让货物、不动产的所有权，有偿提供服务，有偿转让无形资产的所有权或者使用权。

纳税人发生应税交易，销售额未达到国务院规定的增值税起征点的，免征增值税；达到起征点的，依照规定全额计算缴纳增值税。中华人民共和国境外单位和个人在境内发生应税交易，以购买方为扣缴义务人。我国增值税纳税人分为小规模纳税人和一般纳税人。小规模纳税人的标准以及适用简易计税方法的情形由国务院规定。

销售额是指纳税人发生应税交易取得的与之相关的对价，包括全部货币或者非货币形式的经济利益，不包括按照一般计税方法计算的销项税额和按照简易计税方法计算的应纳税额。国务院规定可以差额计算销售额的，从其规定。

下列情形视同应税交易，应当依照规定缴纳增值税：①单位和个体工商户将自产或者委托加工的货物用于集体福利或者个人消费；②单位和个体工商户无偿赠送货物；③单位和个人无偿赠送无形资产、不动产或者金融商品；④国务院财政、税务主管部门规定的其他情形。对"代销""移送""投资""分配"和"非货币性资产交换""债务重组"等行为认定为"销售行为"。

下列项目视为非应税交易，不征收增值税：①员工为受雇单位或者雇主提供取得工资薪金的服务；②行政单位收缴的行政事业性收费、政府性基金；③因征收征用而取得补偿；④存款利息收入。

发生应税交易，应当按照一般计税方法计算缴纳增值税，国务院规定适用简易计税方法的除外。一般计税方法按照销项税额抵扣进项税额后的余额计算应纳税额。应纳税额=当期销项税额-当期进项税额。当期进项税额大于当期销项税额的，差额部分可以结转下期继续抵扣，或者予以退还，具体办法由国务院财政、税务主管部门制订。进项税额应当凭合法有效凭证抵扣。简易计税方法按照应税交易销售额和征收率计算应纳税额，不得抵扣进项税额。应纳税额＝当期销售额×征收率。纳税人按照国务院规定可以选择简易计税方法的，计税方法一经选择，三十六个月内不得变更。进口货物按照组成计税价格和适用税率计算缴纳增值税，应纳税额＝组成计税价格×税率。扣缴义务人应按照销售额乘以税率计算应扣缴税额，应扣缴税额＝销售额×税率。

下列进项税额不得从销项税额中抵扣：①适用简易计税方法计税项目对应的进项税额；②免征增值税项目对应的进项税额；③非正常损失项目对应的进项税额；④购进并用于集体福利或者个人消费的货物、服务、无形资产、不动产对应的进项税额；⑤购进并直接用于消费的餐饮服务、居民日常服务和娱乐服务对应的进项税额；⑥国务院财政、税务主管部门规定的其他进项税额。

增值税纳税义务发生时间，按下列规定确定：①发生应税交易，纳税义务发生时间为收讫销售款项或者取得索取销售款项凭据的当天；先开具发票的，为开具发票的当天。②视同发生应税交易，纳税义务发生时间为视同发生应税交易完成的当天。③进口货物，纳税义务发生时间为进入关境的当天。增值税扣缴义务发生时间为纳税人增值税纳税义务发生的当天。

增值税的计税期间分别为十日、十五日、一个月或者一个季度。纳税人的具体计税期间，由主管税务机关根据纳税人应纳税额的大小分别核定。不经常发生应税交易的纳税人，可以按次纳税。纳税人以一个月或者一个季度为一个计税期间的，自期满之日起十五日内申报纳税；以十日或者十五日为一个计税期间的，自期满之日起五日内预缴税款，于次月一日起十五日内申报纳税并结清上月应纳税款。扣缴义务人解缴税款的计税期间和申报纳税期限，依照前两款规定执行。纳税人进口货物，应当自海关填发海关进口增值税专用缴款书之日起十五日内缴纳税款。

增值税一般纳税人应当在"应交税费"科目下设置"应交增值税""未交增值税""预交增值税""待抵扣进项税额""待认证进项税额""待转销项税额""增值税留抵税额""简易计税""转让金融商品应交增值税""代扣代交增值税"等明细科目。增值税一般纳税人应在"应交增值税"明细账内设置"进项税额""销项税额抵减""已交税金""转出未交增值税""减免税款""出口抵减内销产品应纳税额""销项税额""出口退税""进项税额转出""转出多交增值税"等专栏。

为了区分企业欠缴增值税和留抵增值税，确保企业及时足额交纳增值税，应分别设置应交增值税和未交增值税。

总机构和分支机构不在同一县（市）的，应当分别向各自所在地的主管税务机关申报纳税；经批准，可以由总机构汇总向总机构所在地的主管税务机关申报纳税。总分机构试点纳税人（航空、邮政、铁路）、分支机构按照预征率就地预缴增值税，总机构汇总缴纳增值税。

在财务软件中，应交增值税设置三级明细科目，不使用转出多交增值税和转出未交增值税两个过渡三级科目的，期末直接转入未交增值税科目。

纳税人购进国内旅客运输服务，其进项税额允许从销项税额中抵扣。纳税人未取得增值税专用发票的，暂按照以下规定确定进项税额：①取得增值税电子普通发票的，为发票上注明的税额；②取得注明旅客身份信息的航空运输电子客票行程单的，航空旅客运输进项税额=（票价+燃油附加费）÷（1+9%）×9%；③取得注明旅客身份信息的铁路车票的，铁路旅客运输进项税额=票面金额÷（1+9%）×9%；④取得注明旅客身份信息的公路、水路等其他客票的，公路、水路等其他旅客运输进项税额=票面金额÷（1+3%）×3%。

纳税人支付的道路通行费，按照收费公路通行费增值税电子普通发票上注明的增值税额抵扣进项税额。纳税人支付的桥、闸通行费，暂凭取得的通行费发票上注明的收费金额计算抵扣进项税额，桥、闸通行费可抵扣进项税额=桥、闸通行费发票上注明的金额÷（1+5%）×5%。

（二）企业所得税

收入总额减除不征税收入、免税收入、各项扣除以及允许弥补的以前年度亏损后的余额，为应纳税所得额。应纳税额=应纳税所得额×适用税率－减免税额－抵免税额。亏损是指每一纳税年度的收入总额减除不征税收入、免税收入和各项扣除后小于零的数额。

企业实际发生的与取得收入有关的、合理的支出包括成本、费用、税金、损失和其他支出，准予在计算应纳税所得额时扣除。企业财务会计处理办法与税法规定不一致的，应按照企业所得税法规定计算。企业所得税法规定不明确的，在没有明确规定之前，暂按企业财务会计规定计算。①企业发生的职工福利费支出，不超过工资薪金总额14%的部分，准予扣除。②企业拨缴的工会经费，不超过工资薪金总额2%的部分，准予扣除。③企业发生的职工教育经费支出，不超过工资薪金总额8%的部分，准予扣除；超过部分，准予在以后纳税年度结转扣除。④企业发生的与生产经营活动有关的业务招待费支出，按照发生额的60%扣除，但最高不得超过当年销售（营业）收入的5‰。⑤企业发生的符合条件的广告费和业务宣传费支出，除国务院财政、税务主管部门另有规定外，不超过当年销售（营业）收入15%的部分，准予扣除；超过部分，准予在以后纳税年度结转扣除。⑥企业发生的公益性捐赠支出，在年度利润总额12%以内的部分，准予在计算应纳税所得额时扣除；超过年度利润总额12%的部分，准予结转以后三年内在计算应纳税所得额时扣除。

计算应纳税所得额时，下列支出不得扣除：向投资者支付的股息、红利等权益性投资收益款项；企业所得税税款；税收滞纳金；罚金、罚款和被没收财物的损失；本法规定以外的捐赠支出；赞助支出；未经核定的准备金支出；与取得收入无关的其他支出。

属于中央与地方共享范围的跨省市总分机构企业缴纳的企业所得税，实行"统一计算、分级管理、就地预缴、汇总清算、财政调库"办法。总分机构缴纳的企业所得税为中央收入，全额上缴中央国库，不实行本办法。对于省内跨市的总分机构预缴所得税及汇算清缴所得税，需要根据各省税务局相关规定执行。同一县市总、分支机构的企业所得税由总机构汇总申报缴纳；分支机构不需预缴申报。

企业分月或者分季度预缴企业所得税时，应当按照月度或者季度的实际利润额预缴；按照月度或者季度的实际利润额预缴有困难的，可以按照上一纳税年度应纳税所得额的月度或者季度平均额预缴或者按照经税务机关认可的其他方法预缴。预缴方法一经确定，该纳税年度内不得随意变更。企业所得税汇算清缴是指纳税人自纳税年度终了之日起5个月内或实际经营终止之日起60日内，依照税收法律、法规、规章及其他有关企业所得税的规定，自行计算本纳税年度应纳税所得额和应纳所得税额，根据月度或季度预缴企业所得税的数额，确定该纳税年度应补或者应退税额，填写企业所得税年度纳税申报表，向主管税务机关办理企业所得税年度纳税申报，提供税务机关要求提供的有关资料，结清全年企业所得税税款。纳税人12月份或者第四季度的企业所得税预缴纳税申报，应在纳税年度终了后15日内完成，预缴申报后进行当年企业所得税汇算清缴，不得推延至汇算清缴时一并缴纳。核定征收企业所得税包括核定应税所得率和核定应纳所得税额。实行核定定额征收企业所得的纳税人，不进行汇算清缴。纳税人在汇算清缴期内发现当年企业所得税申报有误的，可在汇算清缴期内重新办理企业所得税年度纳税申报。

会计和税法的差异包括永久性差异和暂时性差异。企业的各项资产，包括固定资产、生物资产、无形资产、长期待摊费用、投资资产、存货等，以历史成本为计税基础。历史成本是指企业取得该项资产时实际发生的支出。企业持有各项资产期间发生的资产增值或者减值，除国务院财政、税务主管部门规定可以确认损益外，不得调整该资产的计税基础。暂时性差异是指资产或负债的账面价值与其计税基础之间的差额。暂时性差异包括应纳税暂时性差异和可抵扣暂时性差异。

查账征收是根据利润总额加或减调整项目，计算出应纳税所得额，然后计算所得税。核定征收核定应税所得率征收，应税所得额＝收入总额×应税所得率，企业所得税=收入总额×应税所得率×税率。

（三）个人所得税

个人所得税对纳税义务人的征收方法有三种，可分为按年计征、按月计征和按次计征。

应交所得税=应税所得×适用税率-速算扣除数（速算法）

应纳税额=应纳税所得额×税率（20%的比例税率）

居民个人取得工资、薪金所得、劳务报酬所得、稿酬所得、特许权使用费所得为综合所得，按纳税年度合并计算个人所得税，适用百分之三至百分之四十五的超额累进税率。居民个人的综合所得，以每一纳税年度的收入额减除费用六万元以及专项扣除、专项附加扣除和依法确定的其他扣除后的余额，为应纳税所得额。劳务报酬所得、稿酬所得、特许权使用费所得以收入减除百分之二十的费用后的余额为收入额。稿酬所得的收入额按百分之七十计算。

扣缴义务人向居民个人支付工资、薪金所得时，应当按照累计预扣法计算预扣税款，并按月办理全员全额扣缴申报，预扣率等于税率。具体计算公式如下：

本期应预扣预缴税额=（累计预扣预缴应纳税所得额×预扣率−速算扣除数）−
累计减免税额−累计已预扣预缴税额

累计预扣预缴应纳税所得额=累计收入−累计免税收入−累计减除费用−累计专项扣除−
累计专项附加扣除−累计依法确定的其他扣除

其中，累计减除费用，按照5000元/月乘以纳税人当年截至本月在本单位的任职受雇月份数计算。

自2028年1月1日起，居民个人取得全年一次性奖金，应并入当年综合所得计算缴纳个人所得税。

非居民个人取得工资、薪金所得、劳务报酬所得、稿酬所得、特许权使用费所得，按月或者按次分项计算个人所得税。适用按月换算后的综合所得税率表计算应纳税额。非居民个人的工资、薪金所得，以每月收入额减除费用5000元后的余额为应纳税所得额；劳务报酬所得、稿酬所得、特许权使用费所得，以每次收入额为应纳税所得额。劳务报酬所得、稿酬所得、特许权使用费所得，属于一次性收入的，以取得该项收入为一次；属于同一项目连续性收入的，以一个月内取得的收入为一次。

经营所得，以每一纳税年度的收入总额减除成本、费用以及损失后的余额，为应纳税所得额。经营所得适用百分之五至百分之三十五的超额累进税率。财产租赁所得、财产转让所得、利息、股息、红利所得和偶然所得适用比例税率，税率为20%。

《个人所得税扣缴申报表》适用于扣缴义务人向居民个人支付综合所得的个人所得税全员全额预扣预缴申报；向非居民个人支付综合所得的个人所得税全员全额扣缴申报；以及向纳税人（居民个人和非居民个人）支付利息、股息、红利所得，财产租赁所得，财产转让所得和偶然所得的个人所得税全员全额扣缴申报。

居民个人取得综合所得需要办理汇算清缴的，应当在取得所得的次年3月1日至6月30之间，向主管税务机关办理汇算清缴，并报送《个人所得税年度自行纳税申报表》。

（四）其他税费

城市维护建设税的计税依据为纳税人实际缴纳的增值税和消费税税额，税率分别为7%、5%、1%。其计算公式如下：

应纳税额=（增值税+消费税）×税率

教育费附加和地方教育附加的征收依据是纳税人实际缴纳的增值税、消费税税额，附加率分别为3%和2%。其计算公式如下：

应缴金额=（增值税+消费税）×附加率

关税是指国家授权海关对出入关境的货物和物品征收的一种税。关税的征税基础是关税完税价格。进口货物以海关审定的成交价值为基础的到岸价格为关税完税价格；出口货物以该货物销售与境外的离岸价格减去出口税后，经过海关审查确定的价格为完税价格。其计算公式如下：

应纳税额=关税完税价格×适用税率

房产税是按照房产原值或租金收入征收的一种税。从价计征的，按房产原值一次减除10%~30%后的余值计算，税率为1.2%，年应纳税额=房产原值×（1-30%）×1.2%；从租计征的，以租金收入为计税依据，税率为12%，年应纳税额=租金收入×12%。房产税按年计征，分季或分半年缴纳，具体缴纳日期由县（市）税务机关确定。

城镇土地使用税是以实际占用的土地面积为计税依据，按规定税额征收的一种税。城镇土地使用税按年计算、分期缴纳。缴纳期限由省、自治区、直辖市人民政府确定。其计算公式如下：

年应纳税额=∑（各级土地面积×相应税额）

车船税属于地方税，由地方税务机关负责征收管理。从事机动车交通事故责任强制保险业务的保险机构为车船税的扣缴义务人，在销售机动车交通事故责任强制保险时代收代缴车船税并及时向国库解缴税款。车船税按年申报，分月计算，一次性缴纳。

印花税是对经济活动和经济交往中设立、领受具有法律效力的凭证的行为所征收的一种税。对工业、商业、物资、外贸等部门使用的凭证，凡属于明确双方供需关系，据以供货和结算，具有合同性质的凭证，要素虽不完全但明确了双方主要权利、义务，就应按规定贴花。为简化贴花手续，对应纳税额较大或者贴花次数频繁的，纳税人可采取以缴款书代替贴花或者按期汇总缴纳的办法。其计算公式如下：

应纳税额=计税金额×税率

现行证券交易印花税为单边征收，即只对卖出方征收，税率为1‰。印花税票由国家税务总局监制。

资金账簿税率为实收资本（股本）、资本公积合计金额的万分之二点五。印花税按季、按年或者按次计征。实行按季、按年计征的，纳税人应当自季度、年度终了之日起十五日内申报缴纳税款；实行按次计征的，纳税人应当自纳税义务发生之日起十五日内申报缴纳税款。

（五）纳税申报

纳税人申报缴纳城镇土地使用税、房产税、车船税、印花税、耕地占用税、资源税、土地增值税、契税、环境保护税、烟叶税时，使用《财产和行为税纳税申报表》。该申报表由一张主表和一张减免税附表组成，主表为纳税情况，附表为申报享受的各类减免税情况。纳税申报前，需先维护税源信息。税源信息没有变化的，确认无变化后直接进行纳税申报；税源信息有变化的，通过填报《财产和行为税税源明细表》进行数据更新维护后再进行纳税申报。

税源信息是财产和行为税各税种纳税申报和后续管理的基础数据来源，是生成纳税申报表的主要依据。纳税人通过填报税源明细表提供税源信息。税源明细表是根据税种的税制特点设计的。纳税人可以在发生纳税义务后立即填写税源明细表，也可以在申报时填报所有税源信息。纳税人可以自由选择一次性或分别申报当期税种。征管系统将根据各税种税源信息自动生成新申报表，纳税人审核确认后即可完成申报。财产和行为税纳税申报表如图2-1所示。

财产和行为税纳税申报表										
序号	税种	税目	税款所属期起	税款所属期止	计税依据	税率	应纳税额	减免税额	已缴税额	应补（退）税额
1										
2										

财产和行为税减免税明细申报附表					
序号	税源编号	税款所属期起	税款所属期止	减免性质代码和项目名称	减免税额

声明：此表是根据国家税收法律法规及相关规定填写的，本人（单位）对填报内容（及附带资料）的真实性、可靠性、完整性负责。　纳税人（签章）：　　　　　　　　　　　年　月　日

本表适用于申报城镇土地使用税、房产税、契税、耕地占用税、土地增值税、印花税、车船税、烟叶税（无减免）、环境保护税、资源税。

图2-1　财产和行为税纳税申报表

六、长期借款

长期借款核算企业向银行或其他金融机构借入的期限在1年以上的各项借款本金。长期借款分期付息，到期还本，按月计提利息。

第三节　所有者权益的核算与管理

所有者权益是指公司资产扣除负债后由所有者享有的剩余权益。公司的所有者权益又称股东权益，包括实收资本、其他权益工具、资本公积、其他综合收益、盈余公积、未分配利润等。权益性交易与损益性交易相对应，权益性交易不得确认损益，而损益性交易须确认损益。

一、实收资本

实收资本按股东设置明细账，实收资本的构成比例是企业据以向投资者进行利润或股利分配的主要依据。

注册资本实缴登记制改为认缴登记制。公司实收资本不再作为工商登记事项。在进

行公司登记时，也无须提交验资报告，而是采取公司股东（发起人）自主约定认缴出资额、出资方式、出资期限等，并记载于公司章程的方式。公司实收资本不再作为登记事项，不在营业执照中列明。企业年检制度改为年度报告制度，任何单位和个人均可查询。

二、其他权益工具

其他权益工具核算企业发行的除普通股以外的归类为权益工具的各种金融工具。其他权益工具应按发行金融工具的种类等进行明细核算。

三、资本公积

资本公积包括资本溢价和其他资本公积。资本溢价是指投资者投入的资金超过其在注册资本中所占份额的部分；其他资本公积是指除资本溢价以外所形成的资本公积。

四、其他综合收益

其他综合收益是指企业根据企业会计准则规定，未在损益中确认的各项利得和损失扣除所得税影响后的净额。

五、盈余公积

盈余公积是指企业按照规定从净利润中提取的企业积累资金，公司制企业的盈余公积包括法定盈余公积和任意盈余公积。

六、未分配利润

未分配利润是指企业实现的净利润经过弥补亏损、提取盈余公积和向投资者分配利润后留存在企业的、历年结存的利润。从数量上来看，未分配利润是期初未分配利润加上本期实现的净利润，减去提取的各种盈余公积和分出的利润后的余额。

第四节　成本的核算与管理

不同的企业由于生产的工艺过程、生产组织以及成本管理要求不同，成本计算的方法也不一样。不同成本计算方法的区别主要表现在三个方面：一是成本计算对象不同；二是成本计算期不同；三是生产费用在产成品和半成品之间的分配情况不同。常用的成本计算方法主要有品种法、分批法和分步法。分步法包括逐步结转分步法和平行结转分步法。逐步结转分步法分为综合结转法和分项结转法。

工业产品成本的计算有多种方法可供选择。房地产开发产品成本和建筑安装工程成本的计算方法相当于工业企业的分批法。工业企业应设置"生产成本"科目，产品成本项目一般划分为直接材料、直接人工、其他直接支出和制造费用；房地产开发企业应设置"开发成本"科目，成本项目一般划分为土地征用及拆迁补偿费、前期工程费、建筑安装工程费、基础设施费、公共配套设施费和开发间接费用；建筑企业应设置"合同履约成本——工程施工"科目，成本项目一般划分为人工费、材料费、机械使用费、其他直接费和施工间接费用；提供服务的企业应设置"合同履约成本——服务成本"科目。

制造企业通过生产成本核算存货成本。生产成本完工结转到库存商品，库存商品销售后结转到主营业务成本。服务企业通过合同履约成本核算成本，合同履约成本摊销转入主营业务成本。

第五节　损益的核算与管理

一、收入的核算

收入是指企业在日常活动中形成的、会导致所有者权益增加的、与所有者投入资本无关的经济利益的总流入。企业应当在履行了合同中的履约义务，即客户取得相关商品（或服务）控制权时确认收入。取得相关商品（或服务）控制权是指能够主导该商品（或服务）的使用并从中获得几乎全部的经济利益。在合同开始日，企业应当对合同进行评估，识别该合同所包含的各项履约义务并确定各履约义务是在一段时间内履行，还是在某一时点履行。对于在一段时间内履行的履约义务，企业应当在该段时间内按照履约进度确认收入，履约进度不能合理确定的除外。

收入确认的会计处理单元是单项履约义务。在确定交易价格时，企业应当考虑可变对价、合同中存在的重大融资成分、非现金对价、应付客户对价等因素的影响。当合同中包含两项或多项履约义务时，企业应当在合同开始日，按照各单项履约义务所承诺商品的单独售价的相对比例，将交易价格分摊至各单项履约义务。

企业向客户销售商品时，往往约定企业需要将商品运送至客户指定的地点。通常情况下，商品控制权转移给客户之前发生的运输活动不构成单项履约义务；相反，商品控制权转移给客户之后发生的运输活动可能表明企业向客户提供了一项运输服务，企业应当考虑该项服务是否构成单项履约义务。

对于附有销售退回条款的销售，企业应当在客户取得相关商品控制权时，按照因向客户转让商品而预期有权收取的对价金额（即不包含预期因销售退回将退还的金额）确认收入，按照预期因销售退回将退还的金额确认负债；同时，按照预期将退回商品转让时的账面价值，扣除收回该商品预计发生的成本（包括退回商品的价值减损）后的余额，确认为一项资产，按照所转让商品转让时的账面价值，扣除上述资产成本的净额结转成本。在每一资产负债表日，企业应当重新估计未来销售退回情况，如有变化，应当作为会计估计变更进行会计处理。与退货权相关的资产与负债产生可抵扣暂时性差异，形成递延所得税资产。税法按照视同销售纳税调整。

对于附有质量保证条款的销售，企业应当评估该质量保证是否在向客户保证所销售商品符合既定标准之外提供了一项单独的服务。对于不能作为单项履约义务的质量保证，企业应当按照或有事项的规定进行会计处理。法定义务的质量保证条款应与商品合并一起作为单项履约义务，其相关处理按照或有事项准则处理，与质量保证责任相关的义务满足条件的，应当确认为预计负债。额外质量保证条款应作为单项履约义务进行会计处理。作为单项履约义务的质量保证应当按收入准则的规定进行会计处理，并将部分交易价格分摊至该项履约义务。

二、费用的核算

营业成本是指企业所销售商品或者所提供劳务的成本。税金及附加包括企业经营活动发生的消费税、资源税、土地增值税、城市维护建设税、教育费附加、地方教育附加、房产税、城镇土地使用税、车船税、印花税等相关税费；期间费用是指不能直接归属于某个特定产品成本的费用，包括销售费用、管理费用和财务费用。

发生的业务招待费可以在"管理费用"或者"销售费用"下设置二级科目"业务招待费"核算。这样便于单独考核销售部门业绩，但是纳税调整的时候需要合并考虑。一般来讲，外购礼品用于赠送的，应作为业务招待费，但如果礼品是纳税人自行生产或经过委托加工，对企业的形象、产品有标记及宣传作用的，那么也可作为业务宣传费。业务招待费仅限于与企业生产经营活动有关的招待支出。企业应将业务招待费与会议费严格区分，不得将业务招待费计入会议费。纳税人发生的与其经营活动有关的差旅费、会议费、董事费，主管税务机关要求提供证明资料的，除非能够提供证明其真实性的合法凭证，否则不得在税前扣除。在业务招待费用核算中要按规定的科目进行归集，如果不按规定而将属于业务招待费性质的支出隐藏在其他科目中，则不允许税前扣除。

销售人员取得的提成，应并入其当月的工资、薪金，按工资所得征收个人所得税。销售佣金是指企业在销售业务发生时支付给中间人的报酬，中间人必须是有权从事中介服务的单位或个人，但不包括本企业的职工。销售回扣是指经营者销售商品时以现金、实物或者其他方式退给对方单位或者个人的一定比例的商品价款。销售回扣可分为暗扣和明扣。暗扣是指在由账外暗中给予对方单位或个人的一定比例的商品价款，属于贿赂支出，不得税前列支；明扣是指经营者销售或购买商品，以明示方式给对方折扣。如果销售额和折扣额在同一张发票上的"金额"栏分别注明销售额和折扣额，那么可按折扣后的销售额计算缴纳所得税；如果将折扣额另开发票，则不得从销售额中减除折扣额。

投资收益核算投资收益或投资损失。公允价值变动损益核算应计入当期损益的利得或损失。信用减值损失核算企业计提的各项金融工具信用减值准备所确认的信用损失。资产减值损失核算企业根据资产减值等准则计提各项资产减值准备所形成的损失。资产处置损益核算企业非流动资产产生的利得或损失。其他收益核算与企业日常活动相关，但不宜确认收入或冲减成本费用的政府补助。

三、营业外收支的核算

营业外收入反映企业发生的营业利润以外的收益，主要包括与企业日常活动无关的政府补助、盘盈利得（现金）、捐赠利得等。

营业外支出反映企业发生的营业利润以外的支出，主要包括公益性捐赠支出、非常损失、盘亏损失、非流动资产毁损报废损失等。

四、利润及利润分配的核算

利润是指公司在一定会计期间的经营成果。利润包括收入减去费用后的净额、直接计入当期利润的利得和损失等。企业纳税年度发生的亏损，准予向以后年度结转，用以后年度的所得弥补，但结转年限最长不得超过五年，高新技术企业或科技型中小企业最长不得超过10年。

按照我国公司法的有关规定，利润分配应按下列顺序进行。第一步，计算可供分配的利润。将本年净利润（或亏损）与年初未分配利润（或亏损）合并，计算出可供分配的利润。如果可供分配的利润为负数（即亏损），则不能进行后续分配；如果可供分配的利润为正数（即本年累计盈利），则进行后续分配。第二步，计提法定盈余公积金。按抵减年初累计亏损后的本年净利润计提法定盈余公积金。提取盈余公积金的基数不是可供分配的利润，也不一定是本年的税后利润。只有不存在年初累计亏损时，才能按本年税后利润计算应提取数。这种"补亏"是按账面数字进行的，与所得税法的亏损后转无关，关键在于不能用资本发放股利，也不能在没有累计盈余的情况下提取盈余公积金。当法定盈余公积金已达到注册资本的50%时可不再提取。法定盈余公积金可用于弥补亏损、扩大公司生产经营或转增资本，但公司用盈余公积金转增资本后，法定盈余公积金的余额不得低于转增前公司注册资本的25%。第三步，计提任意盈余公积金。第四步，向股东（投资者）支付股利（分配利润）。公司弥补亏损和提取法定公积金之前向股东分配利润的，股东必须将违反规定分配的利润退还公司。

公司的法定公积金不足以弥补以前年度亏损的，在提取法定公积金之前，应当先用当年利润弥补亏损。公积金弥补公司亏损，应当先使用任意公积金和法定公积金；仍不能弥补的，可以按照规定使用资本公积金。公积金弥补亏损后，仍有亏损的，可以减少注册资本弥补亏损。减少注册资本弥补亏损后，在法定公积金和任意公积金累计额达到公司注册资本百分之五十前，不得分配利润。

应纳税所得额的计算是建立在准确无误的利润总额基础之上的，而利润总额正确与否又与会计账务处理的正确与否直接相关，因此，需要对会计差错进行更正，通过账务调整使之符合会计制度的规定；需要对财税差异进行账外纳税调整，在纳税申报表内调整财税差异使之符合税法的规定。

企业所得税汇算清缴前发生的资产负债表日后事项，所涉及的应纳所得税调整，应作为会计报告年度（所属年度）的纳税调整；企业所得税汇算清缴后发生的资产负债表日后事项，所涉及的应纳所得税调整，应作为本年度（所属年度的次年）的纳税调整。

属于资产负债表日后事项的应调整报告年度的有关会计事项，属于财务报告批准报出日之后企业所得税汇算清缴前的应调整报告年度次年的汇算清缴事项。

属于会计处理差错以及舞弊的，在报表报出前发现的，应该按《企业会计准则第29号——资产负债表日后事项》准则中有关应调整事项的规定处理；在报表报出后发现的，应该按《企业会计准则第28号——会计政策、会计估计和差错更正》相关规定来处理。

如果在汇算清缴期内发现当年企业所得税申报有误的，可在汇算清缴期内重新办理企业所得税年度纳税申报。

公司对外提供的财务报表包括资产负债表、利润表、现金流量表、所有者权益变动表以及附注。月度财务报表应当于月度终了后6天内对外提供；季度财务会计报告应当于季度终了后15天内对外提供；半年度财务会计报告应当于年度中期结束后60天内对外提供；年度财务会计报告应当于年度终了后4个月内对外提供。

第六节　发票管理制度

发票是指在购销商品、提供或者接受服务以及从事其他经营活动中，开具、收取的收付款凭证。所有单位和从事生产、经营活动的个人在购买商品、接受服务以及从事其他经营活动支付款项时，应当向收款方取得发票。取得发票时，不得要求变更品名和金额。开具发票应当按照规定的时限、顺序、栏目，全部联次一次性如实开具并加盖发票专用章。发票只能证明业务发生了，不能证明款项是否收付。

发票一般情况下是收款人开具给付款人的，但在收购单位和扣缴义务人支付个人款项时则由付款人向收款人开具发票。收款收据一般是指非经营活动中收付款项时开具的凭证。发票在性质上具有典型的双重性，它既是合法的会计（记账）凭证，也是合法的税务凭证。

不符合规定的发票，不得作为财务报销凭证，任何单位和个人有权拒收。不符合税收规定的发票不得作为税前扣除凭据。

增值税小规模纳税人（其他个人除外）发生增值税应税行为，需要开具增值税专用发票的，可以自行开具，不受行业限制。

非增值税发票管理系统开具的发票逐步在淘汰，此类发票包括通用机打发票、通用定额发票、通行费发票、出租车发票、客运发票、火车票、飞机行程单、门票、财政票据。增值税发票管理系统开具的发票是目前主流。电子发票服务平台开具的发票是未来趋势。电子发票与纸质发票的法律效力相同，不得拒收电子发票。

（1）纸质发票通过增值税发票管理系统开具，现场或邮寄交付，需要加盖发票专用章。纸质增值税专用发票基本联次：发票联、抵扣联和记账联。纸质增值税普通发票（联式）基本联次：记账联和发票联。

（2）纸电发票通过增值税发票管理系统开具，通过电子邮箱、二维码等方式交付。栏次简化为"项目名称"；是否加盖发票专用章，以发票右下角是否出现"销售方（章）"的字眼为准。

（3）数电发票通过电子发票服务平台开具，通过税务数字账户自动交付，也可以通过电子邮件、二维码交付。特定业务在票面左上角展示该业务类型的字样。数电发票取消密码区，取消收款人、复核人，保留开票人，不用盖章，无须使用税控设备。无论是否打印，都要保存数电票含有数字签名的XML格式电子文件，其效力和纸质版的发票效力一致。

（4）数电纸票通过电子发票服务平台开具，现场或邮寄交付。票面与纸质发票一致；密码区信息变更为数电票号码与全国统一查验平台网址。

特定业务的数电票票面按照特定内容展示相应信息，同时票面左上角展示该业务类型的字样。特定业务包括但不限于稀土、建筑服务、旅客运输服务、货物运输服务、不动产销售、不动产经营租赁服务、农产品收购、光伏收购、代收车船税、自产农产品销售、差额征税、成品油、民航、铁路等。

全国增值税发票查验平台支持增值税专用发票、增值税电子专用发票、电子发票（增值税专用发票）、电子发票（普通发票）、增值税普通发票（联式）、增值税普通发票（卷式）、增值税电子普通发票（含收费公路通行费增值税电子普通发票）、机动车销售统一发票、二手车销售统一发票在线查验。

任何单位和个人不得有下列虚开发票行为：①为他人、为自己开具与实际经营业务情况不符的发票；②让他人为自己开具与实际经营业务情况不符的发票；③介绍他人开具与实际经营业务情况不符的发票。所称与实际经营业务情况不符是指具有下列行为之一：①未购销商品、未提供或者接受服务、未从事其他经营活动，而开具或取得发票；②有购销商品、提供或者接受服务、从事其他经营活动，但开具或取得的发票载明的购买方、销售方、商品名称或经营项目、金额等与实际情况不符。

第三章 会计实训步骤

第一节 实训资料准备

　　会计人员的工作范围不应局限于企业内部，有时需要到银行办理结算或到税务机关办理纳税申报等相关业务。因此实训环境不应局限于企业财务部，可以在实训室开辟银行业务办理区、纳税业务办理区，将实训环境适当地向外延伸，使学生对相关的处理流程有一个系统认识。

　　实训可根据情况选择一人单独完成或分组分岗。一人单独完成实训，有利于学生系统、全面地熟悉和掌握整个企业会计实务。如果是会计分组分岗实训，那么每个实训小组由4名学生组成，分别扮演会计主管（兼审核）、出纳、制单和记账。分组分岗实训有助于学生加深对会计岗位的理解，熟练掌握该岗位应完成的工作，同时培养学生的团队意识。学生毕业后从事会计工作时可能分工不同，因此分岗实训时一定要注意通过定期的岗位轮换，使学生接触到不同会计岗位的工作内容。完成实习后，应填写各自分工，以明确责任和考核评分。

　　按照成本效益原则，实训全部账簿采用活页账，总账、日记账和大部分明细账采用三栏式账页，原材料、周转材料、库存商品采用数量金额式账页，"生产成本""管理费用""应交增值税"等账户采用多栏式账页。实训采用通用记账凭证。实训所需各种资料见表3-1。

表3-1　实训所需各种资料

序号	名称	张数
1	凭证封面	3
2	通用记账凭证	200
3	科目汇总表	6

续表

序号	名称	张数
4	试算平衡表	2
5	银行存款余额调节表	4
6	总账	60
7	现金日记账	4
8	银行存款日记账	6
9	三栏式明细账	100
10	数量金额式明细账	20
11	多栏式明细账	20
12	应交税费——应交增值税明细账	4
13	资产负债表、利润表、现金流量表、所有者权益变动表	10
14	合并资产负债表、合并利润表、合并现金流量表、合并所有者权益变动表	10
15	小企业资产负债表、利润表、现金流量表	6

第二节　建　账

　　新建单位和原有单位在年度开始时，会计人员均应根据核算工作的需要设置账簿，即"建账"。建账是会计工作得以开展的基础环节。营业执照、公司章程等资料是会计建账的法律依据。实训是根据期初余额表登记期初余额。

　　建账步骤如下：①按照需用的各种账簿的格式要求，预备各种账页，并将活页的账页用账夹装订成册。②在账簿的"启用表"上写明单位名称、账簿名称、册数、编号、起止页数、启用日期以及记账人员和会计主管人员姓名，并加盖名章和单位公章。记账人员或会计主管人员在本年度调动工作时，应注明交接日期、接办人员和监交人员姓名，并由交接双方签名或盖章，以明确经济责任。③启用订本式账簿，应当按照第一页到最后一页顺序编定页数，不得跳页、缺号。使用活页式账页，应当按账户顺序编号，并须定期装订成册。装订后再按实际使用的账页顺序编定页码。另加目录，记明每个账户的名称和页次，并粘贴索引纸（账户标签），写明账户名称，以便检索。④按照会计科目表的顺序、名称，在总账账页上建立总账账户；并根据总账账户明细核算的要求，在各个所属明细账户上建立二、三级明细账户。原有单位在年度开始建立各级账户的同时，应将上年账户余额结转过来。若期初余额是0，则不用登记期初，直接登记本期发生额。对于没有余额的账户，应在"借"或"贷"栏内写"平"字，并在"余额"栏"元"位处用"–O–"或"θ"表示。

账簿设置：①现金日记账，一般企业只设1本现金日记账。但如有外币，应按不同的币种分设现金日记账。②银行存款日记账。一般应根据每个银行账号单独设立1本账。现金日记账和银行存款日记账均应使用订本账。③总分类账。一般企业只设1本总分类账。使用订本账，根据单位业务量大小可以选择购买100页或200页的。这1本总分类账包含企业所设置的全部账户的总括信息。④明细分类账。明细分类账采用活页形式。存货明细账用数量金额式账页；收入、费用、成本明细账用多栏式账页；应交增值税明细账用专用多栏式账页；其他明细账用三栏式账页。因此，企业需要购买不同账页，数量根据单位业务量等情况而决定。业务简单且很少的企业可以把所有的明细账户设在1本明细账上；业务多的企业可根据需要设多本明细账。企业应当参照会计准则应用指南中的会计科目表（表3-2），设置会计科目进行账务处理。根据企业的实际情况确定企业可能使用的会计科目，不要全部照搬，否则很多用不到的科目将造成空页码，有碍翻查。但注意留有余地，做到有前瞻性，防止出现新业务新设科目而造成顺序错乱。在确定好会计科目后，要按企业会计准则编号顺序编写总账目录及总账内各科目页码。这样在每期期末编制财务报表时，就可按顺序进行，避免无规律编页造成的麻烦。

表3-2 会计科目表

顺序号		企业会计科目	小企业会计科目	顺序号	
一、资产类					
1	1001	库存现金	库存现金	1001	1
2	1002	银行存款	银行存款	1002	2
3	1003	存放中央银行款项			
4	1011	存放同业			
5	1012	其他货币资金	其他货币资金	1012	3
6	1021	结算备付金			
7	1031	存出保证金			
8	1101	交易性金融资产	短期投资	1101	4
9	1111	买入返售金融资产			
10	1121	应收票据	应收票据	1121	5
11	1122	应收账款	应收账款	1122	6
12	1123	预付账款	预付账款	1123	7
13	1131	应收股利	应收股利	1131	8
14	1132	应收利息	应收利息	1132	9
15	1164	合同资产			
16	1165	合同资产减值准备			

续表

顺序号		企业会计科目	小企业会计科目	顺序号	
17	1201	应收代位追偿款			
18	1211	应收分保账款			
19	1212	应收分保合同准备金			
20	1221	其他应收款	其他应收款	1221	10
21	1231	坏账准备			
22	1301	贴现资产			
23	1302	拆出资金			
24	1303	贷款			
25	1304	贷款损失准备			
26	1311	代理兑付证券			
27	1321	代理业务资产			
28	1401	材料采购	材料采购	1401	11
29	1402	在途物资	在途物资	1402	12
30	1403	原材料	原材料	1403	13
31	1404	材料成本差异	材料成本差异	1404	14
32	1405	库存商品	库存商品	1405	15
33	1406	发出商品			
34	1407	商品进销差价	商品进销差价	1407	16
35	1408	委托加工物资	委托加工物资	1408	17
36	1409	应收退货成本			
37	1411	周转材料	周转材料	1411	18
38	1421	消耗性生物资产	消耗性生物资产	1421	19
39	1431	贵金属			
40	1441	抵债资产			
41	1451	损余物资			
42	1461	融资租赁资产			
43	1471	存货跌价准备			
44	1501	债权投资	长期债券投资	1501	20
45	1502	债权投资减值准备			
46	1503	其他债权投资			
47	1504	其他权益工具投资			

顺序号		企业会计科目	小企业会计科目	顺序号	
48	1511	长期股权投资	长期股权投资	1511	21
49	1512	长期股权投资减值准备			
50	1521	投资性房地产			
51	1522	投资性房地产累计折旧（摊销）			
52	1523	投资性房地产减值准备			
53	1531	长期应收款			
54	1532	未实现融资收益			
55	1541	存出资本保证金			
56	1601	固定资产	固定资产	1601	22
57	1602	累计折旧	累计折旧	1602	23
58	1603	固定资产减值准备			
59	1604	在建工程	在建工程	1604	24
60	1605	工程物资	工程物资	1605	25
61	1606	固定资产清理	固定资产清理	1606	26
62	1621	生产性生物资产	生产性生物资产	1621	27
63	1622	生产性生物资产累计折旧	生产性生物资产累计折旧	1622	28
64	1623	公益性生物资产			
65	1631	油气资产			
66	1632	累计折耗			
67	1641	使用权资产			
68	1642	使用权资产累计折旧			
69	1643	使用权资产减值准备			
70	1645	应收融资租赁款			
71	1646	应收融资租赁款减值准备			
72	1701	无形资产	无形资产	1701	29
73	1702	累计摊销	累计摊销	1702	30
74	1703	无形资产减值准备			
75	1711	商誉			
76	1801	长期待摊费用	长期待摊费用	1801	31
77	1811	递延所得税资产			

续表

顺序号		企业会计科目	小企业会计科目	顺序号	
78	1821	独立账户资产			
79	1841	持有待售资产			
80	1842	持有待售资产减值准备			
81	1901	待处理财产损溢	待处理财产损溢	1901	32
二、负债类					
82	2001	短期借款	短期借款	2001	33
83	2002	存入保证金			
84	2003	拆入资金			
85	2004	向中央银行借款			
86	2011	吸收存款			
87	2012	同业存放			
88	2021	贴现负债			
89	2101	交易性金融负债			
90	2111	卖出回购金融资产款			
91	2201	应付票据	应付票据	2201	34
92	2202	应付账款	应付账款	2202	35
93	2203	预收账款	预收账款	2203	36
94	2204	合同负债			
95	2211	应付职工薪酬	应付职工薪酬	2211	37
96	2221	应交税费	应交税费	2221	38
97	2231	应付利息	应付利息	2231	39
98	2232	应付股利	应付利润	2232	40
99	2241	其他应付款	其他应付款	2241	41
100	2245	持有待售负债			
101	2251	应付保单红利			
102	2261	应付分保账款			
103	2271	租赁负债			
104	2311	代理买卖证券款			
105	2312	代理承销证券款			
106	2313	代理兑付证券款			
107	2314	代理业务负债			
108	2401	递延收益	递延收益	2401	42

续表

顺序号		企业会计科目	小企业会计科目	顺序号	
109	2501	长期借款	长期借款	2501	43
110	2502	应付债券			
111	2601	未到期责任准备金			
112	2602	保险责任准备金			
113	2611	保户储金			
114	2621	独立账户负债			
115	2701	长期应付款	长期应付款	2701	44
116	2702	未确认融资费用			
117	2711	专项应付款			
118	2801	预计负债			
119	2901	递延所得税负债			
三、共同类					
120	3001	清算资金往来			
121	3002	货币兑换			
122	3101	衍生工具			
123	3201	套期工具			
124	3202	被套期项目			
四、所有者权益类					
125	4001	实收资本	实收资本	3001	45
126	4002	资本公积	资本公积	3002	46
127	4003	其他权益工具			
128	4004	其他综合收益			
129	4101	盈余公积	盈余公积	3101	47
130	4102	一般风险准备			
131	4103	本年利润	本年利润	3103	48
132	4104	利润分配	利润分配	3104	49
133	4105	专项储备			
134	4201	库存股			
五、成本类					
135	5001	生产成本	生产成本	4001	50
136	5101	制造费用	制造费用	4101	51
137	5301	研发支出	研发支出	4301	52

续表

顺序号		企业会计科目	小企业会计科目	顺序号	
138	5401	合同取得成本			
139	5402	合同取得成本减值准备			
140	5403	合同履约成本	工程施工	4403	53
141	5404	合同履约成本减值准备			
142	5405	机械作业	机械作业	4405	54
六、损益类					
143	6001	主营业务收入	主营业务收入	5001	55
144	6011	利息收入			
145	6021	手续费及佣金收入			
146	6031	保费收入			
147	6041	租赁收入			
148	6051	其他业务收入	其他业务收入	5051	56
149	6061	汇兑损益			
150	6101	公允价值变动损益			
151	6102	其他收益			
152	6104	套期损益			
153	6105	净敞口套期损益			
154	6106	资产处置损益			
155	6111	投资收益	投资收益	5111	57
156	6201	摊回保险责任准备金			
157	6202	摊回赔付支出			
158	6203	摊回分保费用			
159	6301	营业外收入	营业外收入	5301	58
160	6401	主营业务成本	主营业务成本	5401	59
161	6402	其他业务成本	其他业务成本	5402	60
162	6403	税金及附加	税金及附加	5403	61
163	6411	利息支出			
164	6421	手续费及佣金支出			
165	6501	提取未到期责任准备金			
166	6502	提取保险责任准备金			
167	6511	赔付支出			
168	6521	保单红利支出			

续表

顺序号		企业会计科目	小企业会计科目	顺序号	
169	6531	退保金			
170	6541	分出保费			
171	6542	分保费用			
172	6601	销售费用	销售费用	5601	62
173	6602	管理费用	管理费用	5602	63
174	6603	财务费用	财务费用	5603	64
175	6604	勘探费用			
176	6701	资产减值损失			
177	6702	信用减值损失			
178	6711	营业外支出	营业外支出	5711	65
179	6801	所得税费用	所得税费用	5801	66
180	6901	以前年度损益调整			

子公司具有法人资格，可以独立承担民事责任。分公司是总公司管辖的分支机构，因此，分公司不具有企业法人资格，其民事责任由总公司承担。

分公司采用独立核算或非独立核算两种形式。"拨付所属资金"科目用来核算企业拨付给所属内部独立核算用于生产和经营的资金。"上级拨入资金"科目是用来核算企业所属内部独立核算单位收到上级企业拨给的用于生产经营使用的资金。如果是由企业与所属内部独立核算单位之间因购销和其他业务而发生的债权债务和收付款项等，应在"内部往来——分公司往来或总部往来"科目核算。

第三节　原始凭证的填制和审核

原始凭证又称单据，是在经济业务发生或完成时取得或填制的，用以记录或证明经济业务的发生或完成情况的文字凭据。外来原始凭证是指在同外单位发生经济往来事项时，从外单位取得的凭证。自制原始凭证是指在经济业务事项发生或完成时，由本单位内部经办部门或人员填制的凭证。自制原始凭证必须有经办单位负责人（或其指定的人员）和经办人签名或者盖章。自制原始凭证按其填制手续不同，又可分为一次凭证、累计凭证、汇总原始凭证和记账编制凭证四种。其中，记账编制凭证是由会计人员根据一定时期内某一账户的记录结果，对某一特定事项进行归类、整理而编制的，以满足会计核算或经济管理的需要，比如"制造费用分配表"。

一、原始凭证的基本内容

原始凭证尽管品种繁多、格式各异，但为了准确反映和充分证明经济业务的执行和完成情况，都必须具备下列基本内容：原始凭证的名称、原始凭证的编号、原始凭证填制的日期、原始凭证填制单位的名称、接受原始凭证单位名称、经济业务的内容摘要、经济业务的实物数量、单价和金额、填制单位及经办人员的签名或盖章、原始凭证的附件。

二、原始凭证的填制要求

由于原始凭证的种类不同，其具体填制方法和填制要求也不尽一致，但就原始凭证应反映经济业务、明确经济责任而言，原始凭证的填制有其一般要求。为了确保会计核算资料的真实、正确并及时反映经济业务，应按下列要求填制原始凭证。

（1）必须真实和正确。原始凭证必须真实、正确地反映经济业务的原貌。无论是日期、内容、数量还是金额，都必须如实填写，不能以估算和匡算的数字填列，更不能弄虚作假，改变事实的真相。

（2）必须完整和清楚。原始凭证中规定的项目都必须填写齐全，不能缺漏。文字说明和数字要填写清楚、整齐和规范，凭证填写的手续必须完备。

（3）书写格式要规范。原始凭证要用蓝色或黑色笔书写，字迹清楚、规范，填写支票必须使用碳素笔，属于需要套写的凭证，必须一次套写清楚，合计的小写金额前应加注币值符号，如"￥"等。大写金额有分的，后面不加整字，其余一律在末尾加"整"字，大写金额前还应加注币值单位，注明"人民币""美元"等字样，币值单位与金额数字之间以及各金额数字之间不得留有空隙。各种凭证不得随意涂改、刮擦、挖补，若填写错误，应采用规定方法予以更正。对于重要的原始凭证，如支票以及各种结算凭证，一律不得涂改。对于预先印有编号的各种凭证，在填写出现错误后，要加盖"作废"戳记，并单独保管。

（4）必须有经办人员和有关责任人员的签章。原始凭证在填制完成后，经办人员和有关责任人员都要认真审核并签章，对凭证的真实性、合法性负责。对于重大的经济业务，还应经过本企业负责人签章，以示批准的职权。

（5）必须及时填制。原始凭证应在经济业务发生或完成时及时填制，并按规定的程序和手续传递至有关业务部门和会计部门，以便及时办理后续业务，并进行审核和记账。

三、原始凭证的审核内容

在会计核算工作中，原始凭证只有经过审核无误后，才能作为填制记账凭证和记账的依据。

（1）原始凭证的真实性。真实性的审核包括对凭证日期是否真实、业务内容是否真实、数据是否真实等内容的审查。对外来原始凭证，必须有填制单位公章和填制人员签章；对自制原始凭证，必须有经办部门和经办人员的签名或盖章。此外，对通用原始凭证，还应审核凭证本身的真实性，以防用假冒的原始凭证记账。

（2）原始凭证的合法性。审核原始凭证所记录经济业务要注意是否有违反国家法律法规的情况，是否符合规定的审核权限，是否履行了规定的凭证传递和审核程序，是否有贪污腐败等行为。

（3）原始凭证的合理性。审核原始凭证所记录经济业务要注意是否符合企业生产经营活动的需要，是否符合有关的计划和预算等。

（4）原始凭证的完整性。审核原始凭证要注意各项基本要素是否齐全，是否有漏项情况，日期是否完整，数字是否清晰，文字是否工整，有关人员签章是否齐全，凭证联次是否正确等。

（5）原始凭证的正确性。审核原始凭证要注意各项金额的计算及填写是否正确。

（6）原始凭证的及时性。审核时不仅应当注意审查凭证的填制日期，尤其是支票、银行汇票、银行本票等这些时效性比较强的原始凭证，还应当仔细验证其签发日期。

经审核的原始凭证应根据不同情况分别处理。对于完全符合要求的原始凭证（没错），应及时据以编制记账凭证入账；对于真实、合法、合理但内容不够完整、填写有错误的原始凭证（错误不严重），应退给有关经办人员，由其负责将有关凭证补充完整、更正错误或重开后，再办理正式会计手续；对于不真实、不合法的原始凭证（错误严重），会计机构、会计人员有权不予接受，并向单位负责人报告。

四、原始凭证的粘贴

原始凭证的粘贴方法包括平铺法、鱼鳞法和折叠法。

平铺法适用于票据较少时。票据较少时，票据按票面金额、纸张的大小依次从左向右粘贴在粘贴单上，也可直接附于报销单据后。

鱼鳞法适用票据较多时。票据较多时，票据按票面金额、纸张的大小依次从右向左粘贴在粘贴单上。第一步，将发票平摊到桌子上。第二步，将票据分类，将同类的票按面值相同进行分类。第三步，对票据进行修剪。将有些长度超过报销封面的票据的多余部分剪掉，但不得因此影响原始凭证内容的完整性。修剪完毕后，票据大小与报销封面一样（飞机票，保险票据等）。第四步，从粘贴单的右上角开始贴票，每张票只需贴左边一条，无须全部刷上胶水。第五步，向下错开一定距离贴第二张。第六步，如此一张接一张地贴完最右边一条。第七步，向左再错开一定距离贴第二列。第八步，如此循环往复，直至粘满一张粘贴单。注意最左列与装订线对齐，装订线外不要贴任何票据。至此，本张粘贴单完成。如还有很多票据，则另取一张空白的报销单据粘贴单，重新开始上述步骤。注意，单据的粘贴应以整个粘贴单的上下左右边界为限，从左至右、从上至下、厚薄均匀地粘贴于粘贴单上。

折叠法适用附件大于报销单时。附件大于报销单时，将票据折叠，使大小、长短与单据封面保持一致。经过修整过的票据附在报销凭证后，不应超出单据封面的边沿线。对于纸张面积大于记账凭证的原始凭证，可按记账凭证的面积尺寸，先自右向左，再自下向上折叠两次。注意应把凭证的左上角或左侧面让出来，以便装订后还可以展开查阅。

原始凭证粘贴一般要求达到"四边齐、表面平、无凹凸、书本型"的标准。

（1）原始凭证进行粘贴时，使用单据粘贴单、差旅费报销单（少量发票不用粘贴单）等单据。没有"粘贴单"，可以用空白报销单来代替。增值税专用发票抵扣联不能粘贴到记账凭证后面，应该装订成册单独保管，并接受税务检查。

（2）原始凭证应按照末级会计科目（如办公费、招待费等）进行分类整理，同类末级会计科目的原始凭证应粘贴在一起。

（3）同类原始凭证如果数量较多、大小不一，应按凭证规格的大小进行分类，同一张单据粘贴单上所粘贴的凭证尽量保持大小一致。每张单据粘贴单所粘贴的凭证不得过多，规格较大的凭证（如购物发票等）可粘贴2～6张；规格较小的凭证（如停车费、过路过桥费、定额餐饮发票等）可粘贴8～10张。

（4）在粘贴单上粘贴票据时，应自右至左、由上到下均匀排列粘贴，确保所粘贴的票据与粘贴单上、下、右三面对齐，不得出边、留空或大量累压粘贴。原始票据应保持原样粘贴，对个别规格参差不齐的票据，可先裁边整理后再行粘贴，但必须保证原始票据内容的完整性。

（5）对于规格较大、纸质较硬的原始凭证（如证明文件），每张单据粘贴单限粘贴2张，要分张折叠，规格大小要与单据粘贴单的规格保持一致。

（6）原始凭证粘贴完毕时，须将凭证张数、合计金额填列完整。在当年预算列支的经费支出凭证须填制支出报销汇总单，在往来款科目列支的支出凭证须填制往来款支出汇总单，并将单位名称、日期、科目、金额、张数和报账员签字等内容填列完整，做到书写规范、清楚，计算正确。每张汇总单所附原始凭证不得过厚，以不超过5毫米为宜。

（7）出差报销凭证（如住宿费、过路过桥费、车船票等）均应使用差旅费报销汇总单做封面。粘贴时，应先将凭证粘贴在单据粘贴单上，然后加贴差旅费报销汇总单，不得直接在差旅费报销汇总单的背面粘贴报销凭证。出差期间因工作需要支出的接待费凭证须单独粘贴，不得混同于差旅费报销。

（8）原始凭证应使用优质胶水进行粘贴，以保证凭证的粘贴效果，粘贴凭证如果数量较多、厚度较高，应在粘贴线外加粘贴条，粘贴好后及时用重物压平，以防褶皱、膨松，确保凭证整体平整。

（9）对借款单、转账支票借用单以及会议费、接待费、办公耗材、设备购置等单张需转账支付的凭证，单位可不粘贴，签字后，经办人、收款人可持凭证直接到支付中心，由支付中心进行粘贴整理。报账人员须提醒经办人、收款人，凭证不得褶皱、损毁，保持凭证票面整洁。如需注明列支渠道、说明等，则要在凭证上做标记。

（10）行政事业单位财政直接支付申请业务、财政授权支付电汇业务原始凭证需粘贴在财政直接支付申请信息通知单上。

第四节　记账凭证的填制和审核

记账凭证按其用途可以分为专用记账凭证和通用记账凭证。专用记账凭证是指分类反映经济业务的记账凭证。按其反映经济业务的内容不同，记账凭证又可以分为收款凭证、付款凭证和转账凭证。

一、记账凭证填制的基本要求

记账凭证是登记账簿的依据，正确填制记账凭证是保证账簿记录正确的基础。填制记账凭证应符合以下基本要求。

（1）审核无误。即在对原始凭证审核无误的基础上填制记账凭证，这是内部控制制度的一个重要环节。

（2）内容完整。即记账凭证应该包括的内容都要具备。应该注意的是，记账凭证的日期一般为编制记账凭证当天的日期，按权责发生制原则计算收益、分配费用、结转成本利润等调整分录和结账分录的记账凭证，应填写当月月末的日期，以便在当月的账内进行登记。

（3）分类正确。即根据经济业务的内容，正确区别不同类型的原始凭证，正确应用会计科目。在此基础上，记账凭证可以根据每一张原始凭证填制，或者根据若干张同类原始凭证汇总编制，也可以根据原始凭证汇总表填制，但不能将不同内容和类别的原始凭证汇总填制在一张记账凭证上。

（4）连续编号。记账凭证连续编号有利于分清会计事项处理的先后，便于记账凭证与会计账簿之间的核对，确保记账凭证完整。

二、记账凭证填制的具体要求

（1）除结账和更正错误之外，记账凭证必须附有原始凭证并注明原始凭证的张数。如果一张原始凭证涉及几张记账凭证，可以把原始凭证附在一张主要的记账凭证后面，并在其他记账凭证上注明附有该原始凭证的记账凭证的编号或者附原始凭证复印件。一张原始凭证所列的支出需要由两个以上的单位共同负担时，应当由保存该原始凭证的单位开给其他单位原始凭证分割单。

（2）合计金额前面填写货币符号"￥"，若不是合计数，则不填写货币符号。收款凭证和付款凭证必须由出纳签字。

（3）给会计凭证编号是为了分清会计凭证处理的先后顺序，便于登记账簿和进行记账凭证与账簿记录的核对，防止会计凭证丢失，方便日后查找。会计凭证编号的方法有多种，一种是将财会部门内的全部记账凭证作为一类统一编号，编为记字第××号；一种是分别按现金和银行存款收入、现金和银行存款付出以及转账业务三类进行编号，分别编为收字第××号、付字第××号、转字第××号；还有一种是按现金收入、现金支出、银行存款收入、银行存款支出和转账五类进行编号，分别编为现收字第××号、现付字第××号、银收字第××号、银付字第××号、转字第××号。各单位应当根据本单位业务繁简程度、人员多寡和分工情况来选择便于记账、查账、内部稽核、简单严密的编号方法。记账凭证无论是统一编号还是分类编号，都应该按月顺序编号，即每月都从1号编起，按顺序编至月末。一张记账凭证编一个号，不得跳号、重号。每月最后一张记账凭证的编号旁应加注"全"字，以免凭证散失。同一编号的经济业务需要编制一张以上记账凭证的，一律采用分数编号法，且原始凭证附在最后一张记账凭证后面，只在最后一张记账凭证的"合计"行填写合计金额。对于凡属转账业务的原始凭证张数的计算，以构成记账凭证金额的张数为准，其他说明性质的资料均可作为附件的附件，不计算在张数之内；对于收付款业务原始凭证张数的计算，均应以自然张数为准。附件张数应用阿拉伯数字填写。为了简化记账凭证的填制手续，对于转账业务，可以用自制的原始凭证或汇总原始凭证来代替记账凭证。

（4）若记账之前发现记账凭证有错误，应重新编制正确的记账凭证，并将错误凭证作废或撕毁。已经登记入账的记账凭证，在当年内发现填写错误时，应用红字填写一张与原内容相同的记账凭证，在摘要栏注明"注销某月某日某号凭证"字样，同时再用蓝字重新填制一张正确的记账凭证，注明"订正某月某日某号凭证"字样。如果会计科目没有错误，只是金额错误，也可以将正确数字与错误数字之间的差额另编一张调整的记账凭证，调增金额用蓝字，调减金额用红字。发现以前年度的错误，应用蓝字填制一张更正的记账凭证。

（5）实行会计电算化的单位，其机制记账凭证应当符合对记账凭证的一般要求，并应认真审核，做到会计科目使用正确，数字准确无误。打印出来的机制记账凭证上，要加盖制单人员、审核人员、记账人员和会计主管人员印章或者签字，以明确责任。

（6）记账凭证应按行次逐行填写，不得跳行或留有空行，填制完毕的记账凭证如有空行的，应当在金额栏自最后一笔金额数字下空行处至合计数上的空行处划斜线或一条"S"形线注销。

（7）正确编制会计分录并保证借贷平衡。

（8）摘要应与原始凭证内容一致，正确反映经济业务的主要内容，表述简单精练。对于收付款业务，要写明收付款对象的名称、款项内容。

（9）只涉及现金和银行存款之间收入或付出的经济业务，应以付款业务为主，只填制付款凭证，不填制收款凭证，以免重复。

（10）在出现以下经济业务时，要同时编制两种记账凭证。一是销售一批产品，一部分货款已收到，而另一部分货款没有收到，此时应该同时编制收款凭证和转账凭证；二是业务人员出差回来后报销差旅费，余款退回时，同时编制收款凭证和转账凭证。

三、记账凭证的审核内容

所有填制好的记账凭证，都必须经过其他会计人员认真审核。在审核记账凭证的过程中，如发现记账凭证填制有误，则应当按照规定的方法及时加以更正。只有经过审核无误的记账凭证才能作为登记账簿的依据。记账凭证的审核主要包括以下内容：

（1）记账凭证是否附有原始凭证，记账凭证的经济内容是否与所附原始凭证的内容相同。

（2）应借应贷的会计账户（包括二级或明细账户）的对应关系是否清晰、金额是否正确。

（3）记账凭证中的项目是否填制完整，摘要是否清楚，有关人员的签章是否齐全。

第五节　登记账簿

会计核算方法是会计方法中最基本的方法。在经济业务发生后，应按规定的手续填制和审核凭证，并运用复式记账法在有关账簿中进行登记，一定期末还要对生产经营过程中发生的费用进行成本计算和财产清查，在账证、账账、账实相符的基础上，根据账簿记录编制财务报表。

企业采用的会计核算形式主要有记账凭证核算形式、汇总记账凭证核算形式、科目汇总表核算形式、多栏式日记账核算形式、日记总账核算形式。各种会计账务处理程序的主要区别在于登记总分类账的依据和方法不同，出纳业务处理的步骤基本上一致。本实训采用科目汇总表账务处理程序，这样能减轻登记总分类账的工作量，并可做到试算平衡，简明易懂，方便易学。但科目汇总表不能反映账户对应关系，不便于查对账目。它适用于经济业务较多的单位。

（1）启用账簿或更换记账人员时，应在账簿的"启用及交接记录"内逐项填写企业名称、启用日期、起始页数、会计主管人员和记账员姓名，并盖章和签名。

（2）会计账簿必须根据审核无误的记账凭证及其所附的原始凭证登记。应将会计凭证的日期、编号、业务内容摘要、金额和其他有关资料逐项记入账内。登记完毕后，应在记账凭证上注明"√"符号，表示已经记账。

（3）登记账簿时要用蓝黑墨水笔书写，不得使用铅笔或圆珠笔，红色墨水笔只能按规定用途使用，如改错、冲账等。

（4）账簿中的文字和数字不要写满格，一般应占格宽的1／2。

（5）登记账簿时，凡需要登记会计科目的，必须填列会计科目的名称，或者同时填列会计科目的名称和编号。不得只填列会计科目的编号，不填列会计科目的名称。

（6）各种账簿应该依照编定的页数顺序连续记载。每一账页记载完毕结转下页时，应在账页的最后一行结出合计数和余额，注明"过次页"字样。同时，将合计数和余额记入下页第一行有关栏内，并注明"承前页"字样，也可以将合计数和余额只写在下页第一行有关栏内，并注明"承前页"字样。

（7）年度终了，要把各账户的余额结转下年，并在摘要栏内注明"结转下年"字样，在下年新账第一行余额栏填写上年结转的余额，并在摘要栏内注明"上年结转"字样。

（8）账簿记录不得涂改、刮擦、挖补或用退色药水更改字迹。发生错误时，应该按照下列方法进行更正：登记账簿时发生错误，记账凭证无差错时，应采用划线更正法，并由记账人员在更正处盖章；登记账簿后，因记账凭证填制错误而使账簿记录发生错误时，应更正记账凭证并登记账簿。

凡订本账，原账页不得因故撕毁、增补、拆开重订。记账人员必须做到及时记载，按时结账、对账，经常检查清理账目。

第六节 对账与结账

一、对账

对账是指核对账目。为了保证账簿记录真实、正确、可靠，需要对账簿和账户所记录的有关数据加以检查和核对，这就是对账工作。通过对账，可以检查账簿记录内容是否完整，有无错记或漏记，总分类账与明细分类账数字是否相等，以做到账证相符、账账相符、账实相符。账证相符是指月终要对账簿记录和会计凭证进行核对，以发现错误之处，并进行更正，这也是保证账账相符、账实相符的基础。账账相符是指各种账簿之间的核对相符，主要包括本单位各种账簿之间的有关指标应该核对相符，本单位同其他单位的往来账项应该核对相符。账实核对是指各种财产物资的账面余额与实际数额相核对。

财产清查是对各项财产、物资进行实地盘点和核对，查明财产物资、货币资金和结算款项的实有数额，确定其账面结存数额和实际结存数额是否一致，以保证账实相符的一种会计专门方法。财产清查工作涉及面广，工作量大，为保证财产清查工作顺利、有效地进行，需要遵循一定的程序。财产清查的程序包括成立清查组织、清查前准备、实施财产清查、财产清查结果的处理。对实物量的清查，常使用实地盘点法和技术推算法；对价值量的清查和核对，常使用账面价值法和查询核实法。实地盘点法是通过实地清点或用计量器具来确定各项财产物资实物数量的方法。技术推算法是通过特定的技术方法对财产物资的实存数量进行测算的方法。账面价值法是根据被清查财产的账面价值确定财产物资价值的方法。查询核实法是以账簿资料为依据，采用一定的查询方法，检查债权债务金额的方法。

银行存款余额调节表是在银行对账单余额与企业账面余额的基础上，各自加上对方已收、本单位未收账项数额，减去对方已付、本单位未付账项数额，以调整双方余额使其一致的一种调节方法。本月对账时要使用上月的银行存款余额调节表。将上月银行存款余额调节表中银行已收企业未收、银行已付企业未付这两项内的每一笔业务在本月银行日记账中找到并勾销，同时在上月银行存款余额调节表上写上这些业务在本月的凭证号。将上月银行存款余额调节表中企业已收银行未收、企业已付银行未付这两项内的每一笔业务在本月银行对账单中找到并勾销。将本月银行对账单和银行存款日记账的每一笔业务同时在双方勾销，余下未勾销的按企业已收银行未收、企业已付银行未付、银行已付企业未付、银行已收企业未收，分类记入银行存款余额调节表。将银行存款余额调节表所有数据和内容填入，计算调整后，观察金额是否相等。银行存款余额调节表要求每一个银行账号编制一张调节表。

调节后双方余额不相等时，要么是未达账项未全部查出，要么是一方或双方账簿记录还有差错。无论是什么原因，都要查清并加以更正。调节后的余额既不是企业银行存款日记账的余额，也不是银行对账单的余额，而是当日可以动用的银行存款实有数。对于银行已经划账，而企业尚未入账的未达账项，要待银行结算凭证到达后，才能据以入账，不能以"银行存款调节表"作为记账依据。调节后，如果双方余额相等，那么一般可以认为双方记账没有差错。

二、结账

结账是指把一定时期内应记入账簿的经济业务全部登记入账后，计算记录本期发生额及期末余额，并将余额结转下期或新的账簿。为了保证账簿记录的完整性，不得提前结账，也不得将本期发生的经济业务延至下期。在结账前和结账过程中，均需进行对账，以保证账簿日常记录真实可靠。月结划单线，年结划双线。划线时，应划通栏线红线，不应只在本账页中的金额部分划线。对现金、银行存款日记账按日结账，对其他账户按月、季、年结账。

（1）日结或月结时，应在该日、该月最后一笔经济业务下面划一条通栏单红线，在红线下"摘要"栏内注明"本日合计"或"本月合计""本月发生额及余额"字样，在"借方"栏、"贷方"栏或"余额"栏分别填入本日、本月合计数和月末余额，同时在"借或贷"栏内注明借贷方向。然后，在这一行下面再划一条通栏红线，以便与下日、下月发生额划清。

（2）季结时，通常在每季度的最后一个月月结的下一行，在"摘要"栏内注明"本季合计"或"本季度发生额及余额"，同时结出借、贷方发生总额及季末余额。然后，在这一行下面划一条通栏单红线，表示季结的结束。

（3）年结时，在第四季度季结的下一行，在"摘要"栏注明"本年合计"或"本年发生额及余额"，同时结出借、贷方发生额及期末余额。然后，在这一行下面划上通栏双红线，以示封账。

（4）年度结账后，总账和日记账应当更换新账，明细账一般也应更换。但有些明细账，如固定资产明细账等可以连续使用，不必每年更换。年终时，要把各账户的余额结转到下一会计年度，只在摘要栏注明"结转下年"字样，结转金额不再抄写。在下一会计年度新建有关会计账簿的第一行余额栏内填写上年结转的余额，并在摘要栏注明"上年结转"字样。不需要编制记账凭证，也不必将余额再记入本年账户的借方或贷方，使本年有余额的账户的余额变为零，否则就混淆了有余额的账户和无余额的账户的区别。

（5）结账时应当根据不同的账户记录，分别采用不同的方法。

对不需要按月结计本期发生额的账户，如各项应收款明细账和各项财产物资明细账等，每次记账以后，都要随时结出余额，每月最后一笔余额即为月末余额。也就是说，月末余额就是本月最后一笔经济业务记录的同一行内的余额。月末结账时，只需要在最后一笔经济业务记录之下划一条单红线，不需要再结计一次余额。对本月没有发生额的账户，可不进行月结。

现金、银行存款日记账和需要按月结计发生额的收入、费用等明细账，每月结账时，要在最后一笔经济业务记录下面划一单红线，结出本月发生额和余额，在摘要栏内注明"本月合计"字样，在下面再划一条单红线。

需要结计本年累计发生额的某些明细账户，如产品销售收入、成本明细账簿，每月结账时，应在"本月合计"行下结计自年初起至本月末止的累计发生额，登记在月份发生额下面，在摘要栏内注明"本年累计"字样，并在下面再划一单红线。12月末的"本年累计"就是全年累计发生额，在全年累计发生额下划双红线。

总账账户平时只需结计月末余额。年终结账时，为了反映全年各项资产、负债及所有者权益增减变动的全貌，便于核对账目，要将所有总账账户结计全年发生额和年末余额，在摘要栏内注明"本年合计"字样，并在合计数下划一条双红线。需要结计本月发生额的某些账户，如果本月只发生一笔经济业务，由于这笔记录的金额就是本月发生额，那么结账时，只要在此项记录下划一条单红线，表示与下月的发生额分开就可以了，不需另结出"本月合计"数。

（6）结计"过次页"发生额的方法。结计"过次页"的发生额，要根据不同账户记录采用不同的方法。

对需要按月结计本月发生额的账户，结计"过次页"的合计数，应是从本月初起至本页末止的发生额的合计数，这样做便于本月结账时加计"本月合计"数。对需要结计"本年累计发生额"的账户，结计"过次页"的本页合计数，应是从年初起至本页末止的累计数，这样做便于年终结账时加计"本年累计"数，结计"过次页"的数之后，在下页第一笔空格摘要栏内居中红字注明"承前页"字样，并在发生额或余额栏内填写上页结转数。

第七节　错账的查找和更正

一、错账查找方法

（1）尾数法。这种方法对于发生的角、分的差错可以只查找小数部分，以提高查错的效率。

（2）差数法。这种方法根据双方差额直接查找错账，主要用于漏记或重记的账目。例如，正确的合计金额是695000元，若借方漏记400000元，则借方合计为295000元；贷方合计为695000元。双方差额为400000元，即可根据400000元这个数字直接查找错账。

（3）除二法。这种方法以双方差额除以2，根据商数查找错账。例如，正确的合计金额是695000元，若借方80 000元误记入贷方，则借方合计为615000元；贷方合计为775000元。双方差额为160000元，160000÷2=80000，即可根据80000元这个数字去查找错账。

（4）除九法。这种方法以双方差额除以9，根据商数特征查找错账。例如，正确的合计金额是695000元，若贷方5000误记为50000元，则借方合计为695000元；贷方合计为740000元。双方差额为45000÷9=5000元。又如，正确的合计金额是695000元，若贷方4985元颠倒为4958元，则借方合计为695000元；贷方合计为694973元。双方差额为27元，27÷9=3，求得的商数为被颠倒两数之差（本例为8−5=3）。即可根据商数的这一特征去查找错账。

二、错账更正方法

根据差错的发现时间，可以分为日后期间（年度资产负债表日至财务会计报告批准报出日之间）发现的差错和当期（当年年度内日后期间之外的其他时间）发现的差错。根据差错的所属期间，可以分为属于当年的差错和属于以前年度的差错。根据重要性，可以分为重大会计差错和非重大会计差错。更正会计差错的方法从技术角度看包括划线更正法、红字更正法、补充登记法、综合调整法等。会计差错更正按是否追溯到差错发生的当期或尽可能的早期，分为追溯重述法和未来适用法。

（1）划线更正法。这种方法适用于更正记账凭证正确但是记账时发生的错账，即先在错误的文字、数字上划一条红线，然后在划线上方用蓝字填写正确的记录。在划线时，如果是文字错误，可只划销错误部分；如果是数字错误，应将全部数字划销，不得只划销错误数字。划销时必须注意使原来的错误字迹仍可辨认。更正后，经办人应在划线的一端盖章，以示负责。

（2）红字更正法。这种方法适用于更正记账凭证上会计科目用错而引发的错账和更正记账凭证上金额写多而引发的错账。即先用红字填制一张与原错误完全相同的记账凭证（只是数字用红字），据以用红字登记入账，冲销原有的错误记录；同时用蓝字填制一张正确的记账凭证，并在"摘要"栏注明"订正×年×月×号凭证"字样，据以登记入账，这样就把原来的差错更正过来了。应用红字更正法是为了正确反映账簿中的发生额和科目对应关系。

（3）补充登记法。这种方法适用于更正记账凭证上金额少写而引发的错账。在记账以后，发现记账凭证填写的金额小于实际金额时，可采用补充登记法更正。可将少记金额填制一张记账凭证补充登记入账，并在"摘要栏"注明"补充×年×月×日×号凭证少记金额"字样。

（4）综合调整法。适用于用错了会计科目并多记或少记金额的错账。这种方法对应该使用而未使用的会计科目采用补充登记，对不应该使用而使用了的会计科目采用反方向冲销进行调整的方法。

（5）追溯重述法和未来适用法。企业应当采用追溯重述法更正重要的前期差错。追溯重述法是指在发现前期差错时，视同该项前期差错从未发生过，从而对财务报表相关项目进行更正的方法。前期差错更正影响损益的，先通过"以前年度损益调整"科目核算，之后再将该科目余额转入"利润分配——未分配利润"科目。确定前期差错影响数不切实可行的，可以从可追溯重述的最早期间开始调整留存收益的期初余额，财务报表的其他相关项目的期初余额也应当一并调整，也可以采用未来适用法。对于不重要的前期差错，采用未来适用法更正。未来适用法是指不追溯而视同当期差错一样更正。

第八节　会计书写规范

会计书写规范是指会计工作人员，在经济业务活动的记录过程中，对接触的数码和文字的一种规范化书写以及书写方法。

一、阿拉伯数字书写要求

（1）每个数字要大小匀称、笔画流畅，每个数字独立有形，不能连笔书写，要让使用者一目了然。

（2）每个数字要紧贴底线书写，但上端不可顶格，其高度约占全格的1/2～2/3的位置，要为更正错误数字留有余地。除6、7、9外，其他数字高低要一致。书写数字"6"时，上端比其他数字高出1/4，书写数字"7"和"9"时，下端比其他数字伸出1/4。

（3）书写每个数字时要使数字排列有序，并且数字要有一定倾斜度。各数字的倾斜度要一致，一般要求上端一律向右倾斜45度到60度。

（4）书写数字时，各数字从左至右，笔画顺序是自上而下，先左后右，并且大小一致，数字排列的空隙应保持一定且同等距离，每个数字上下左右要对齐，在印有数位线的凭证、账簿、报表上，每一格只能写一个数字，不得几个字挤在一个格里，更不能在数字中间留有空格。

（5）会计数字的书写必须采用规范的手写体书写，这样才能使会计数字规范、清晰、符合会计工作的要求。

（6）会计工作人员要保持个人的独特字体和书写特色，以防止别人模仿或涂改。会计数字书写时，除数字"4"和"5"以外，必须一笔写成，不能人为地增加数字的笔画。

（7）不要把数字"0"和"6"、"1"和"7"、"3"和"8"、"7"和"9"的书写混淆。在写阿拉伯数字的整数部分，可以从小数点向左按照"三位一节"用分位点"，"分开或加1/4空分开。

（8）阿拉伯数字表示的金额为小写金额，书写时，应采用人民币符号"￥"。"￥"是"元"字的汉语拼音第一个字母缩写变形，它既代表了人民币的币制，又表示人民币"元"的单位。所以，小写金额前填写人民币符号"￥"以后，数字后面可不写"元"字。

所有以元为单位的阿拉伯数字，除表示单价等情况外，一律填写到角分。无角分的，角位和分位可写"00"或符号"-"；有角无分的，分位应写"0"，不得用符号"-"代替。

需要注意的是，"￥"与数字之间不能留有空格。书写人民币符号时，要注意"￥"与阿拉伯数字的明显区别，不可混淆。在填写会计凭证、登记会计账簿、编制会计报表时，数字必须按数位填入，金额要采用"0"占位到"分"为止，不能采用划线等方法代替。

二、中文大写数字写法

中文大写数字笔画多，不易涂改，主要用于填写需要防止涂改的销货发票、银行结算凭证等信用凭证，书写时要准确、清晰、工整、美观。中文大写数字写错或发现漏记时，不能涂改，也不能用划线更正法，必须重新填写凭证。会计人员进行会计事项处理书写大、小写金额时，必须做到大小写金额内容完全一致，书写熟练、流利，准确完成会计核算工作。中文大写数字的基本要求如下。

（1）中文分为数字（壹、贰、叁、肆、伍、陆、柒、捌、玖）和数位〔拾、佰、仟、万、亿、元、角、分、零、整（正）〕两个部分。中文书写通常采用正楷、行书两种字体。会计人员在书写中文大写数字时，不能用O（另）、一、二、三、四、五、六、七、八、九、十等代替大写金额数据，不得任意自造简化字。

（2）大写金额前若没有印制"人民币"字样的，书写时，在大写金额前要冠以"人民币"字样。"人民币"字样与金额首位数字之间不得留有空格，数字之间更不能留存空格，写数字与读数字顺序要一致。

（3）人民币以元为单位时，只要人民币元后分位没有金额（即无角无分或有角无分），应在大写金额后加上"整"字结尾；如果分位有金额，那么在分后不必写"整"字。

（4）阿拉伯金额数字中间有"0"时，汉字大写金额要写"零"字，如￥101.50，汉字大写金额应写成"人民币壹佰零壹圆伍角整"。阿拉伯金额数字中间连续有几个"0"时，汉字大写金额中可以只写一个"零"字，如￥1004.56，汉字大写金额应写成"人民币壹仟零肆圆伍角陆分"。阿拉伯金额数字元位是"0"或数字中间连续有几个"0"，元位也是"0"，但角位不是"0"时，汉字大写金额可只写一个"零"字，也可不写"零"字，如￥1320.56，汉字大写金额应写成"人民币壹仟叁佰贰拾圆零伍角陆分"，或"人民币壹仟叁佰贰拾圆伍角陆分"。

（5）表示数字为拾几、拾几万时，大写文字前必须有数字"壹"字，因为"拾"字代表位数，而不是数字。

（6）大写数字不能乱用简化字，不能写错别字，如"零"不能用"另"代替，"角"不能用"毛"代替等。

（7）中文大写数字不能用中文小写数字代替，更不能与中文小写数字混合使用。

（8）为防止变造票据的出票日期，在填写月、日时，月为壹、贰和壹拾的，日为壹至玖和壹拾、贰拾和叁拾的，应在其前加"零"；日为拾壹至拾玖的，应在其前加"壹"。

第九节　会计资料的整理装订

会计凭证记账后应及时装订，一般每月装订一次，装订的范围包括原始凭证、记账凭证、科目汇总表、银行对账单等。装订前应将凭证进行整理，会计凭证的整理工作主要是对凭证进行排序、粘贴和折叠。装订好的凭证按年分月妥善保管归档。会计凭证的装订方法主要有左上角包角装订的包角法、左边装订线处装订的包边法。

原始凭证有的应作为记账凭证附件，随记账凭证装订存档；有的属于以后需使用的凭证，如收到的商业汇票、固定资产卡片等；有的是由会计人员填制后交给外单位的，如现金支票和转账支票等。应装订的各种凭证，一律以左上角对齐，便于装订，各种大于记账凭证的原始凭证，均以记账凭证为准折叠整齐，并注意将装订角留出。

对于纸张面积过小的原始凭证，一般不能直接装订，可先按一定次序和类别排列，再粘在一张同记账凭证大小相同的白纸上，粘贴时以胶水为宜。小票应分张均匀排列，同类同金额的单据尽量粘在一起，同时，在一旁注明张数和合计金额。如果是板状票证（如火车票），可以将票面票底轻轻撕开，厚纸板弃之不用。

当原始凭证大于记账凭证时，大多数人的做法是先折叠左边的角，再向里面折叠。经过这样折叠后，折叠的角在下面，在查阅时要先拉开折叠的部分，再拉开折叠处的左边边角。也可以将折叠的顺序反一下，即先向里折叠后，再折叠左边的角。经过这样折叠后，折叠的角在上面。这样顺序一转换，在查阅时，只需将上面的角一拉，即可全部打开。

对于纸张面积略小于记账凭证的原始凭证，可以用回形针或大头针别在记账凭证后面，待装订凭证时，抽去回形针或大头针。有的原始凭证不仅面积大，而且数量多，可以单独装订，如工资单、耗料单。但在记账凭证上应注明保管地点。

由于原始凭证往往大于记账凭证，从而折叠过多，这样一本凭证就显得中间厚，装订线的位置薄，订出的一本凭证像条鱼一样。这时可以用稍厚些的硬板纸或一些纸折成许多三角形，均匀地垫在装订线的位置。这样装订出来的凭证就显得整齐了。

（1）将凭证封皮和封底裁开，分别附在凭证前面和后面，再拿一张质地相同的纸放在封皮上角，做护角纸。

（2）在凭证的左上角画一边长为5厘米（一般为凭证宽度的2/5）的等腰三角形，用夹子夹住，用装订机在底线上分布均匀地打眼。"三针引线法"为在左上角部位打上三个针眼，"二孔角订法"为在左上角部位打上两个针眼，用大针引线绳穿过针眼。

（3）在凭证的正面打结，结的位置应靠近一孔，以便将结塞进孔中，保证封面平整，线绳最好把凭证两端也系上。

（4）将护角向左上侧面折，并将一侧剪开（注意包侧边的部分）至凭证的左上角，然后抹上胶水。

（5）向上折叠，将侧面和背面的线绳扣包住。

（6）待晾干后，在凭证本的侧脊上面写上"年、月、第几册共几册"的字样（建议使用号码印）。装订人在装订线封签处签名或者盖章。现金凭证、银行凭证和转账凭证最好依次按顺序编号，一个月从头编一次序号，如果单位的凭证少，可以按全年顺序编号。

各种会计账簿年度结账后，除跨年使用的账簿外，其他账簿应按时整理立卷。会计报表编制完成及时报送后，留存的报表按月装订成册，谨防丢失。报表连同附注一起装订，报表要加封面，封面上写明种类，编制单位名称，单位负责人、会计主管和制表人签章，编报日期及送报日期等。各单位对会计凭证、会计账簿、财务会计报告和其他会计资料应建立档案，妥善保管。

第十节　实训考核

会计综合模拟实训能够提高学生的实际动手能力，学生能体验到真实的业务流程，从而加快学生的职业化进程，真正做到无障碍上岗。模拟实训以企业的经济活动为脉络、以涵盖企业经济活动全过程的仿真模拟实训资料为依托，使学生学会会计手工模拟循环，并配合财务软件的电算化操作，让学生熟悉企业会计处理的基本流程，培养对企业实际业务的账务处理能力，提高学生的专业知识水平、顶岗上班的技能和综合职业素养，从而培养学生综合分析问题的能力和创新能力。模拟实训是深化会计教学改革必不可少的环节，是学生获取综合知识、提高专业技能的重要保证。

手工账实习的优点在于学生能学习到从原始凭证到报表的全过程，能理解会计工作的运作程序和资料的承接性。缺点在于有大量烦琐的登账工作。电算化的优点在于简化了登账、计算的工作，但大量的后台处理使学生无法看到会计工作的运作程序。而让学生将手工账完成的资料运用于会计电算化实习的优点在于可以使学生掌握如何由手工做账过渡到用计算机进行账务处理。使用同一套资料进行手工做账实习和会计电算化实习，学生可以进一步体会手工做账和计算机做账的区别与联系。实训要防止"重凭证，轻报表""重成本，轻税务""重核算，轻管理""重电算，轻手工"等问题的发生。会计实训中要兼顾其他行业会计，不能只掌握工业企业会计，忽略了其他企业会计。学生在校期间不可能分行业开设会计课程，要熟悉施工企业会计、房地产开发企业会计、金融企业会计、商品流通企业、农业企业会计、行政事业单位会计的特点，以便从事不同行业的会计工作。

会计模拟实习是财经类院校的财会教师多年研究和实践的一项重要课题。会计教学引入会计模拟实习是会计教学的重大变革，它解决了长期以来财经类院校学生毕业实习难的问题，使会计专业学生在校期间学会手工记账和会计电算化成为现实，极大地提高了会计教学质量。完善实践考核制度，提高学生的学习积极性是许多学校多年探索的问题。为了使实践效果落到实处，无论校内实训还是校外实习，无论手工实训还是上机操作，既要注重结果考核，又要注重过程考核。每旬检查一次，每月检查次数不少于三次。出勤是对学生学习态度的考核。凭证账表是对学生书写是否规范、内容是否完整进行的考核。答辩是对学生实践过程真实性的考核。在实训过程中，教师要及时检查学生建账、编制凭证、登账、编制报表、装订等情况，同时教师将做账的内容整理成题目，进行答辩，按其正确程度给予成绩。答辩可以减少抄袭现象，同时提高学生的应变能力。实训报告主要用于加深学员对知识和技能的理解和认识，培养和训练学生的综合分析能力和文字表达能力。

一、凭证（30分）

检查是否有未填制的原始凭证；摘要是否清晰；错误是否按正确方法更正；年、月、日及编号是否齐全、连续；是否说明了附件张数；同号分页记账凭证是否按1/n、2/n、3/n、n/n编号；"制单""记账""审核"处是否填写了姓名；记账后是否有记账符号"√"；明细项目是否齐全、正确。以上要求，一处不符合扣3分。

二、账簿（30分）

检查上年结转数是否标明"上年结转"字样；小计、月计、累计是否正确；余额结示的位置是否正确；数量金额式账户是否有数量记录；记账需自然过渡到下一页时是否标明"承前页"字样；结转下页的格式和内容是否正确；是否有涂改、挖、擦、刮、补现象；开账是否不平；总账、明细账是否不符；数字书写是否不规范，难以辨认；账账、账证、账表是否不符。以上要求，一处不符合扣3分。

三、报表（10分）

检查是否有涂改、刮擦、挖补的数字；勾稽关系是否正确；现金流量表的补充资料是否齐全；调整分录是否正确；抵销分录是否正确；合并报表是否已编制；财务分析内容是否齐全；问题建议是否具体。以上要求，有一处错误扣3分。

四、会计档案装订（10分）

（1）检查会计档案是否装订不齐；
（2）检查会计档案是否装订松散；

五、考勤方面（10分）

（1）迟到、早退每次扣3分；
（2）旷课每次扣3分；

六、实习报告或者实训答辩（10分）

实习报告包括实验目的、实验内容和实验心得。要求其格式规范，文字工整，有实际内容，观点明确，不少于2000字。

第四章　会计实验资料

第一节　账户期初余额

　　武汉光谷机械有限责任公司于2020年年底筹建，2021年年初营业，连续三年年初固定资产原值4500万元，每年计提折旧292.8万元。2023年年底，一车间处置一台机器设备原值10万元，累计折旧2.88万元，收回不含税价款4.32万元，发生损失2.8万元。2023年年底，购买一台价值30万元的机器设备供一车间使用。2024年6月购买一台管理部门使用的原值2.5万元的其他设备。

　　公司固定资产的净残值率为4%。房屋（能够合理分摊）使用年限为20年，月折旧率为0.4%；机器设备使用年限为10年，月折旧率为0.8%；运输设备和其他设备使用年限为5年，月折旧率为1.6%。2024年年初固定资产分布如下：管理部门房屋为934.125万元，运输设备为50万元，其他设备为40万元。销售部门房屋为500万元，运输设备为40万元，其他设备为40万元。一车间房屋为882.9375万元，机器设备为570万元，其他设备为15万元。二车间房屋为982.9375万元，机器设备为450万元，其他设备为15万元。土地面积为4800平方米，账面价值为480万元，使用年限为50年，每月摊销8000元；六级地段，年税每平方米2元，城镇土地使用税每季2400元。包含房屋地价原值为3780（3300+480）万元，3780×（1-30%）×1.2%=31.752万元，房产税每季为7.938万元。管理部门2辆微型车，税额600元；销售部门2辆中型车，税额960元。车船税合计1560元。

　　本企业设有两个基本生产车间，生产丙（甲继续加工）、丁（乙继续加工）两种产品。企业现有职工200人。一车间主管2人，车间管理人员5人，生产人员90人，其中54人生产甲产品，36人生产乙产品；二车间主管2人，车间管理人员5人，生产人员60人，其中33人生产丙产品，27人生产丁产品；管理部门（包括财务部、综合部、质量部）26人，其中总经理1人，部门经理5人，主管4人，一般人员16人；销售部门10人，其中主管2人，一般人员8人。

　　1个总经理每月工资为18000元；5个部门经理每人每月工资为10000元；10个主管人员（一车间2个、二车间2个、管理部门4个、销售部门2个）每人每月工资为4000元；184个一般人员11月车间生产人员每人工资为3200元，12月车间生产人员每人工资为3000元；其他一般人员每人每月工资为3000元。

　　专项附加扣除：总经理每月子女教育2000元；部门经理每月子女教育1000元；主管每月子女教育1000元，住房贷款利息1000元；一般人员每月住房租金1500元。基本减除费用每月为5000元，实训公司将全年一次性奖金并入当年综合所得计算纳税。

　　养老保险由用人单位和职工共同缴纳，单位缴20%，个人缴8%。医疗保险由用人单位和职工共同缴纳，单位缴8%，个人缴2%。失业保险由用人单位和职工共同缴纳，单位缴1%，个人缴1%。生育保险由用人单位缴纳，生育保险费率0.5%，个人不用缴纳。工伤保险由用人单位缴纳，工伤保险费率0.5%，个人不用缴纳。住房公积金由单位和职工共同缴纳，单位和职工缴存比例为7%。个人负担的部分即8%+1%+2%+7%=18%，公司负担的部分即20%+8%+1%+0.5%+0.5%+7%=37%。

　　一般员工的缴费基数按平均每人2000元计算，企业为每人负担"五险一金"，即2000×（30%+7%）=740元，个人负担2000×（11%+7%）=360元。主管人员的缴费基数按平均每人3000元计算，企业为每人负担3000×（30%+7%）=1110元，个人负担3000×（11%+7%）=540元。总经理和部门经理的缴费基数按平均每人5000元计算，企业为每人负担5000×（30%+7%）=1850元，个人负担5000×（11%+7%）=900元。缴费基数合计428000元。企业负担的社保和住房公积金共428000×（30%+7%）=158360元，个人负担的社保和住房公积金共428000×（11%+7%）=77040元，合计235400元。

　　一般人员184人每人年终奖1200元，主管人员每人年终奖2400元，总经理和部门经理每人年终奖3600元，共计26.64万元。

　　上月工资合计69万元，应缴个人所得税1475×（1010+93×5）元。本月工资合计66万元，应缴个人所得税1895元，年终奖金应缴个人所得税2160元，本月应缴个税合计4055×（1010+177×5+360×6）元。

　　总经理个税计算过程：每月扣除合计7900元，每月预缴税额分别为303、303、303、611、1010、1010、1010、1010、1010、1010、1010、1370×（1010+360），合计9960元。累计已预扣预缴税额=［（18000-5000-900-2000）×12+3600］×10%-2520=9960元。

　　部门经理个税计算过程：每月扣除合计6900元，每月预缴税额分别为93、93、93、93、93、93、93、93、93、93、93、537（177+360），合计1560元。累计已预扣预缴税额=［（10000-5000-900-1000）×12+3600］×10%-2520=1560元。

　　10个主管和184个一般人员不用缴纳个税。2024年12月期初科目余额表见表4-1。

表4-1　2024年12月期初科目余额表

单位：元

总账科目	总账余额	明细账的格式与余额资料
1001库存现金	3150	三栏式日记账：余额3150

续表

总账科目	总账余额	明细账的格式与余额资料
1002银行存款	4401510.2	三栏式日记账：工行4321510.2，建行80000
1012其他货币资金	0	三栏式明细账：本票存款0
1101交易性金融资产	530000	三栏式明细账：借方余额，成本500000，公允价值变动30000
1121应收票据	10059291	三栏式明细账 远方公司6000000；南方公司3544291；北方公司515000；立方公司0
1122应收账款	16657200	三栏式明细账 中南公司9400000；西北公司1000000；西南公司6257200；东北公司0
1132应收利息	0	三栏式明细账：国债0
1221其他应收款	25000	三栏式明细账：王平15000；张凡10000；陈刚0；
1231坏账准备	100000 （贷方）	三栏式明细账：应收账款100000
1401材料采购	0	三栏式明细账：A、B、C、D、E、劳保、包装物、工具，余额为0
1403原材料	650800	数量金额式明细账 材料—A（生产甲）单位计划成本750；300件；金额225000； 材料—B（生产乙）单位计划成本700；200件；金额140000； 材料—C（生产丙丁）单位计划成本490；500件；金额245000； 材料—D（生产丙）单位计划成本100；300件；金额30000； 材料—E（修理配件）单位计划成本40；270个；金额10800；
1404材料成本差异	17376	三栏式明细账：材料借方余额16866；周转材料借方余额510
1405.库存商品	1040928	数量金额式明细账： 丙300件单价2312合计693600；丁201件单价1728合计347328
1406应收退货成本	0	三栏式明细账：丙产品0；丁产品0
1411周转材料	13500	数量金额式明细账： 周转—劳保用品：单位计划成本100；20套；金额2000； 周转—包装箱：单位计划成本30；200个；金额6000； 周转—工具：单位计划成本50；110个；金额5500；
1501债权投资	480500	三栏式明细账：本金借方余额550000；利息调整贷方余额69500
1503其他权益工具投资	0	三栏式明细账：成本0；公允价值变动0

续表

总账科目	总账余额	明细账的格式与余额资料
1511长期股权投资	5660000	三栏式明细账：借方余额，南湖公司—成本1500000，南湖公司—损益调整160000；东湖公司4000000
1601固定资产	45225000	三栏式明细账：房屋3300万元；机器设备1020万元；运输设备90万元；其他设备112.5万元。固定资产卡片和固定资产登记簿省略
1602累计折旧	11458800（贷方）	设三栏式明细账：贷方余额，房屋620.4万元；机器设备374.88万元；运输设备67.68万元；其他设备82.92万元
1604在建工程	2400000	三栏式明细账：仓库2400000
1606固定资产清理	0	三栏式明细账：机器设备0
1701无形资产	4800000	三栏式明细账：土地使用权4800000
1702累计摊销	376000（贷方）	三栏式明细账：贷方余额，土地使用权376000
1811递延所得税资产	25000	三栏式明细账：资产减值25000；估计退货0
1901待处理财产损溢	0	三栏式明细账：待处理流动资产损溢0
2001短期借款	1000000（贷方）	三栏式明细账：建行1000000
2201应付票据	1309577（贷方）	三栏式明细账：华东公司659577；华南公司350000；华北公司300000；华中公司0
2202应付账款	2209432.7（贷方）	三栏式明细账：黄河公司2164232.7；长江公司45200；北湖公司0；西湖公司0
2211应付职工薪酬	158360（贷方）	三栏式明细账：工资0；社会保险费128400；住房公积金29960；工会经费0；职工福利费0
2221应交税费	629475（贷方）	三栏式明细账：贷方余额，应交个人所得税1475；未交增值税400000；应交城建税28000；应交教育费附加12000；应交地方教育附加8000；应交企业所得税180000；应交房产税0；应交土地使用税0；应交车船税0。专用多栏式明细账：应交增值税0
2231应付利息	650000（贷方）	三栏式明细账：短期借款25000；长期借款625000，
2232应付股利	0	三栏式明细账：M公司0；N公司0
2241其他应付款	77040（贷方）	三栏式明细账：三险一金77040
2501长期借款	20000000（贷方）	三栏式明细账：建行20000000
2801预计负债	0	三栏式明细账：应付退货款0

续表

总账科目	总账余额	明细账的格式与余额资料
2901递延所得税负债	0	三栏式明细账：三峡股票0
4001实收资本	40000000（贷方）	三栏式明细账：M公司20000000；N公司20000000
4004其他综合收益	0	三栏式明细账：贷方余额，金融资产0
4101盈余公积	2160000（贷方）	三栏式明细账：法定盈余公积1080000；任意盈余公积1080000
4103本年利润	5107792.5（贷方）	不设置明细账
4104利润分配	8640000（贷方）	三栏式明细账：未分配利润贷方余额：8640000；提取法定盈余公积0；提取任意盈余公积0；应付现金股利0
5001生产成本	1887222	专用多栏式明细账： 甲400件；直接材料300670；直接人工82404；制造费用54191.4；合计437265.4 乙300件；直接材料193400；直接人工26636；制造费用16277.6；合计236313.6 丙400件；直接材料738184；直接人工54208；制造费用44945.45；合计837337.45 丁200件；直接材料300880；直接人工39552；制造费用35873.55；合计376305.55
5101制造费用	0	多栏式明细账：一车间；二车间，栏目包括：材料、人工、折旧、水电
6001主营业务收入	0	三栏式明细账：丙产品、丁产品
6101公允价值变动损益	0	三栏式明细账：交易性金融资产
6111投资收益	0	三栏式明细账：东湖公司；南湖公司；股票；债券；债务重组
6401主营业务成本	0	三栏式明细账：丙产品、丁产品
6403税金及附加	0	多栏式明细账，栏目包括：城建税、附加费；其他税金
6601销售费用	0	多栏式明细账，栏目包括：业务招待费；广宣费；差旅费；其他
6602管理费用	0	多栏式明细账，栏目包括：业务招待费；办公费；差旅费；其他
6603财务费用	0	多栏式明细账，栏目包括：利息支出；利息收入；手续费；现金折扣
6702信用减值损失	0	三栏式明细账：应收账款
6711营业外支出	0	多栏式明细账，栏目包括：捐赠支出；非常损失、报废毁损；其他

总账科目	总账余额	明细账的格式与余额资料
6801所得税费用	0	三栏式明细账：当期所得税；递延所得税
6115资产处置损益	0	三栏式明细账：固定资产
6901以前年度损益调整	0	可以不设明细账，用于前期重大差错和调整事项
借方或贷方余额合计93876477.2		资产81941677.2=负债26033884.7+所有者权益55907792.5

第二节　模拟经济业务

企业发生的经济业务，只有反映经济业务发生或者完成时的原始凭证，没有文字描述，也没有原始凭证的顺序排列，因此需要根据外来原始凭证编制记账凭证，需要自制原始凭证进行计提、摊销、结转的账务处理。实训尽量要求学生不看文字描述，直接根据原始凭证编制记账凭证。原始凭证有合同、发票、工资单、银行回单。一个会计科目对应一个原始凭证。更正错账、调整账项和结账等无法取得原始凭证时，可以根据有关账簿中的数据资料编制记账凭证。

（1）2024年12月2日，采购人员陈刚出差借支差旅费2万元，开出现金支票。员工出差应填写"出差申请单"，并按规定程序报批后，到财务部门预借差旅费。备用金分为定额备用金和非定额备用金。非定额备用金一般按估计需用数额领取，支用后报销，多退少补。定额备用金按照规定的数额领取，支用后报销，补足原定额。

（2）12月3日，采用委托收款方式收到前期中南公司货款330.64万元。银行结算方式包括银行汇票、商业汇票、银行本票、支票、汇兑、委托收款、托收承付、信用卡、信用证等。网上银行是在网络上的虚拟银行柜台。微信和支付宝属于移动支付。

（3）12月3日，购进A材料650件，不含税单价760元，B材料1100件，不含税单价705元，价税合计1434535元，运输费用价税合计21800元，取得增值税电子专用发票，使用转账支票结算。运费按重量比例分配，重量比例为2∶3。增值税发票包括纸质发票、纸电发票、数电发票和数电纸票。数电发票和数电纸票无须使用税控设备，在电子发票服务平台上在线开票。数电发票特定业务必须选标签开具，而不同标识下的数电发票在发票票面上增加了特定内容。纸质增值税专用发票有三联。联式纸质增值税普通发票有两联。

（4）12月3日，向工商银行申请签发银行本票一张，金额为1230570元。银行本票是申请人将款项交存银行，由银行签发的承诺自己在见票时无条件支付确定的金额给收款人或者持票人的票据。银行本票存款属于其他货币资金。本票是自付证券，本票只用于同一票据交换地区。汇票是委付证券，汇票在同城和异地都可以使用。

（5）12月3日，使用银行本票购进C材料2200件，不含税单价495元，取得增值税电子专用发票，银行本票已交给收款单位，银行已办理资金划拨。

（6）12月4日，从华中公司购进D材料850件，不含税单价102元，价税合计97971元，采用商业承兑汇票结算，取得增值税电子专用发票。会计软件应当根据业务需要增加客户和供应商。

（7）12月4日，使用转账支票支付展览费价，税合计9270元，取得增值税电子普通发票，增值税电子普通发票不能抵扣。

（8）12月5日，本月购买的A材料和B材料验收入库，结转入库形成的材料成本差异。A材料单位计划成本750元，B材料单位计划成本700元。企业存货的日常核算有两种方法，一种是采用实际成本进行核算；一种是采用计划成本进行核算。

（9）12月5日，本月购买的C材料和D材料验收入库，结转入库形成的材料成本差异。C材料单位计划成本490元，D材料单位计划成本100元。总分类账与其所属的明细分类账采用平行登记。

（10）12月6日，外购修理用E配件50个，不含税单价38元，价税合计2147元，通过转账支票结算，取得增值税电子专用发票。不允许抵扣的专用发票，若选择认证，可以进行真伪辨别，不会形成滞留票，纳税申报时要进行进项税额转出。若选择不认证，视同普通发票进行处理。

（11）12月6日，公司产品在保修期内出现问题，支付修理费412元，取得增值税电子普通发票。该企业产品保修费用由于事先不能可靠地计量，因而未确认预计负债，在实际发生时计入当期损益。企业提供额外服务的，应当作为单项履约义务，按照收入准则进行会计处理；否则，质量保证责任应当按照或有事项的要求进行会计处理。

（12）12月9日，本月购买的E配件验收入库，单位计划成本40元，结转入库形成的成本差异。企业应当根据市场情况和采购计划合理选择采购方式。大宗采购应当采用招标方式；一般物资或劳务的采购可以采用询价或定向采购方式并签订合同协议；小额零星物资或劳务的采购可以采用直接购买方式。

（13）12月9日，购买劳保用品140套，含税单价117元，价税合计16380元，采用转账支票结算，取得增值税电子普通发票。纸质增值税普通发票（联式）两联，纸质增值税普通发票（卷票）单联。

（14）12月9日，从西湖公司购买包装箱2000个，不含税单价31元，价税合计70060元，货款尚未支付，取得增值税电子专用发票。

（15）12月9日，购买修理工具60个，含税单价59元，价税合计3540元，采用转账支票结算，取得增值税电子普通发票。

（16）12月9日，本月购买的劳保用品、包装箱、工具已验收入库，结转周转材料的材料成本差异。劳保用品单位计划成本100元，包装箱单位计划成本30元，工具单位计划成本50元。周转材料是指企业能够多次使用，逐渐转移其价值但仍保持原有形态不确认为固定资产的材料，如包装物、低值易耗品以及企业（建造承包商）的钢模板、木模板、脚手架等。入库单为一式三联，第一联为存根联，留保管备查；第二联为记账联，留会计部门作为入库材料核算依据；第三联为保管联，留保管作为入库材料记明细账依据。

（17）12月9日，北方公司商业票据到期，货款51.5万元已存入银行。商业汇票在同城、异地均可使用，付款期限不得超过6个月。

（18）12月9日，签发现金支票，提取现金25000元备用。

（19）12月10日，采购人员陈刚出差回来，报销差旅费2.3万元（其中注明旅客身份信息的火车票9810元），取得增值税电子普通发票，单位补给其现金3000元。差旅费是指工作人员临时到常驻地以外地区公务出差所发生的城市间交通费、住宿费、伙食补助费和市内交通费。员工出差返回后，填写"差旅费报销单"，按出差开支标准审批后报销。对于取得未注明旅客身份信息的出租票、公交车票等，不得计算抵扣。取得住宿费专用发票，可以按规定进行抵扣，企业购进餐饮服务，进项税额不得从销项税额中抵扣。粘贴单是用来粘贴原始凭证的，企业可用空白报销单来代替粘贴单。

（20）12月10日，企业长期借款本金2000万元，年利率7.5%，每年6月30日付息，本月计提利息12.5万元。企业发生的借款费用，可直接归属于符合资本化条件的资产的购建或者生产的，应当予以资本化，计入符合资本化条件的资产成本。其他借款费用，应当在发生时根据其发生额确认为财务费用，计入当期损益。借款费用区分专门借款和一般借款。符合资本化条件的资产是指需要经过相当长时间的购建或者生产活动才能达到预定可使用或者可销售状态的资产。

（21）12月10日，企业缴纳上月企业负担的保险12.84万元，住房公积2.996万元；个人负担的保险4.708万元，住房公积2.996万。合计23.54万元。用人单位未按时足额缴纳社会保险费的，由社会保险经办机构按照社会保险法的规定，责令其限期缴纳或者补足，并自欠缴之日起按日加收0.5‰的滞纳金；逾期仍不缴纳的，由社会保险行政部门处欠缴数额1倍以上3倍以下的罚款。

（22）12月10日，申报并代缴上月工资的个人所得税1475元。工资、薪金所得应纳的税款，按月计征，由扣缴义务人或者纳税义务人在次月15日内缴入国库，并向税务机关报送纳税申报表。对扣缴义务人按照所扣缴的税款付给2%的手续费，扣缴义务人可将其用于代扣代缴费用开支和奖励代扣代缴工作做得较好的办税人员。企业收到扣缴个税手续费作其他收益处理。工薪所得按照"收付实现制"的原则，以实际取得的时间为准征收个人所得税。

（23）12月10日，签发转账支票支付法律咨询费7210元，取得增值税电子普通发票。支票分为现金支票和转账支票，支票的提示付款期限自出票日起10天。

（24）2024年6月10日，以赚取差价为目的从二级市场购入的武商发行的股票10万股，分类为以公允价值计量且其变动计入当期损益的金融资产，每股5元，交易费用0.05万元，全部款项50.05万元以银行存款支付，取得时确认投资损失0.05万元。2024年6月30日，该股票公允价值为每股5.3元，确认公允价值变动损益3万元。2024年12月10日，将该股票全部处置，每股6元，交易费用为0.15万元。由于不跨年度，因此未确认交易性金融资产形成的递延所得税。对买卖、继承、赠与所书立的A股、B股股权转让书据，由出让方按1‰的税率缴纳股票交易印花税。金融商品转让计征增值税，按照卖出价扣除买入价后的余额为销售额，若相抵后出现负差，可结转下一纳税期与下期转让金融商品销售额相抵，但年末时仍出现负差的，不得转入下一个会计年度，金融商品转让不得开具增值税专用发票。实训不考虑纳税人从事金融商品买卖业务的增值税（借记"投资收益"等科目，贷记"应交税费——转让金融商品应交增值税"科目）。存出投资款属于其他货币资金，实训直接通过银行存款简化处理。

（25）12月10日，用转账支票购买办公用品，价税合计4576元，取得增值税电子普通发票。公司各项支出必须事先提出计划，按支出审批权限批准后列支。预算管理是利用预算对企业内部各部门、各单位的各种财务及非财务资源进行分配、考核、控制，以便有效地组织和协调企业的生产经营活动，完成既定的经营目标。

（26）12月10日，支付西湖公司购买包装箱货款70060元，支付货款须授权批准。

（27）12月10日，本期材料领用汇总情况如下：A材料600件（用于生产甲产品）；B材料1000件（用于生产乙产品）；C材料2000件（800件用于生产丙产品；1200件用于生产丁产品）；D材料800件（用于生产丙产品）；配件250个（一车间领用配件125个；二车间领用配件125个）。领料单为一式四联，第一联为存根联，留领料部门备查；第二联为记账联，留会计部门作为出库材料核算依据；第三联为保管联，留仓库作为记材料明细账依据；第四联为业务联，留供应部门作为物质供应统计依据。领料单由车间经办人员填制。

（28）12月10日，本期周转材料发出汇总情况如下：劳保用品60套（一车间35套，二车间25套）；包装箱2000个（丙800个，丁1200个）；工具80个（一车间40个；二车间40个）。生产领用包装物计入生产成本的直接材料科目，周转材料采用一次摊销法。

（29）12月10日，用转账支票购买电脑2台，价税合计18080元，取得增值税电子专用发票。电脑属于其他设备，交付管理部门使用。对所有行业企业持有的单位价值不超过5000元的固定资产，允许一次性计入当期成本费用，在计算应纳税所得额时扣除，不再分年度计算折旧。

（30）12月10日，长江公司货款45200元，折扣条件是20天内付款享受价款2%的优惠，光谷公司享受现金折扣800元，实际支付44400元。现金折扣销售方属于可变对价，调整当期收入。购货方应将现金折扣调整购货成本，实务中为简化起见，计入财务费用。商品销售涉及商业折扣的，应当按照扣除商业折扣后的金额确定销售商品收入金额。

（31）12月10日，进口机器设备。我国口岸CIF价格为USD40 000，进口关税税率为20%，当日的外汇牌价为USD1＝RMB6.5，取得关税缴款书、增值税缴款书。设备已运达，交付二车间使用。价款尚未支付，税款由人民币支付。外币账户，同时登记外币、汇率和本位币金额。进口单证包括进口合同、信用证、商业发票、装箱单、商品检验证、提单、进口货物报关单、进口许可证。关税分为进口关税和出口关税。进口关税资本化计入资产成本，出口关税计入税金及附加。进口货物涉及增值税和关税，如果是特定的消费品，还要征收消费税。海关只对少数出口货物征收出口关税，对出口货物不征收增值税和消费税。出口退税包括生产企业的免抵退税和外贸企业的免退税。

（32）12月10日，管理人员报销市内交通费832元，用现金支付。

（33）12月10日，管理人员报销停车费1980元，用现金支付。关于道路通行费，纳税人可凭通行费电子普通发票按发票上注明的税额抵扣增值税。纳税人支付的桥、闸通行费，暂凭取得的通行费发票上注明的收费金额计算可抵扣的进项税额。桥、闸通行费可抵扣进项税额=桥、闸通行费发票上注明的金额÷（1+5%）×5%。不符合税收规定的发票不能税前扣除。行政性罚款不得税前扣除，企业之间违反合同的罚款、银行的罚息不属于行政性罚款，可以税前扣除。

（34）12月10日，缴纳财产保险费6360元（含税）、车辆保险费9540元（含税），保险公司代收代缴车船税1560元，取得增值税电子专用发票。企业发生的受益期在一年以内的费用，直接计入当期损益。管理部门2辆微型车，每辆年税额300元，销售部门2辆中型车，每辆年税额480元。车船税按年申报，分月计算，一次性缴纳。从事机动车第三者责任强制保险的保险机构，为机动车车船税的扣缴义务人，在代收车船税并开具增值税发票时，应在增值税发票备注栏中注明代收车船税税款信息。该增值税发票可作为纳税人缴纳车船税及滞纳金的会计核算原始凭证。不需购买交强险的车辆，纳税人向主管税务机关申报缴纳车船税。保险公司填写《车船税代收代缴报告表》。

（35）12月10日，现金支付复印费150元。

（36）12月10日，支付汉江税务师事务所鉴证费4000元，取得增值税普通发票。涉税鉴证是指注册税务师对鉴证对象信息实施必要的审核程序，并出具鉴证报告，以增强除责任方之外的预期使用者对鉴证对象信息信任程度的行为和过程。涉税鉴证主要包括纳税申报类鉴证、涉税审批类鉴证和其他涉税鉴证三种类型。是否需要提交鉴证报告，需要结合国家税务总局和各个省、自治区、直辖市税务局具体的涉税规定。

（37）12月10日，管理部门用现金支付快递公司快递费用309元。取得增值税普通发票，企业使用微信支付可以通过其他货币资金核算。

（38）2022年末出资400万元组建东湖机械有限责任公司，拥有其80%股份，长期股权投资采用成本法核算。2023年东湖公司盈利50万元，2024年分配股利35万元，12月10日，光谷公司分得现金股利28万元。不考虑股利分配与支付的时间差。股利符合税法的免税规定。上一年的股利一般在第二年上半年分配，这里是出于训练的需要。

（39）2022年末出资150万元组建南湖机械有限责任公司。拥有其40%股份，长期股权投资采用权益法核算。2023年南湖公司盈利40万元，2024年分配股利25万元，12月10日，光谷公司实际分得现金股利10万元。不考虑股利分配与支付的时间差。股利符合税法的免税规定。上一年的股利一般在第二年上半年分配，这里是出于训练的需要。

（40）12月10日，以每股8元的价格取得三峡公司普通股10万股，另支付相关交易费用0.1万元，指定为以公允价值计量且其变动计入其他综合收益的金融资产。

（41）12月11日，报销物业费618元，补足备用金定额，取得增值税普通发票。

（42）12月11日，报销通信费5342.84元，补足备用金定额，取得增值税电子普通发票。为了防止重复报销的问题，财务人员要检查电子发票的唯一性。

（43）12月11日，摊销无形资产（土地使用权）8000元。土地使用权是指国家准许某企业在一定期间内对国有土地享有开发、利用、经营的权利。土地使用权用于自行开发建造厂房等地上建筑物时，其账面价值不与地上建筑物合并计算成本，仍作为无形资产进行核算，土地使用权与地上建筑物分别进行摊销和提取折旧。

（44）12月11日，经批准，二车间一台机器设备出售，原值20万元，累计折旧7.68万元，含税价款11.639万元当日送存银行，结转固定资产清理的净损失2.02万元。税法规定，一般纳税人销售自己使用过的固定资产，已经抵扣进项税额的，按照适用税率征收增值税。

（45）12月11日，支付办公楼修缮费2895.60元，取得增值税电子普通发票，使用支票结算。会计准则规定，不满足固定资产准则规定确认条件的固定资产后续支出，应当在发生时计入当期损益。

（46）12月12日，报销业务宣传费用8240元，开出现金支票，补足备用金定额，取得增值税普通发票。企业发生的符合条件的广告费和业务宣传费支出，除国务院财政、税务主管部门另有规定外，不超过当年销售（营业）收入15%的部分，准予扣除；超过部分，准予在以后纳税年度结转扣除。业务宣传费是企业开展业务宣传活动所支付的费用，主要是指未通过媒体的广告性支出。

（47）12月12日，管理部门报销业务招待费5091元，取得增值税普通发票，开出现金支票，补足备用金定额。企业发生的与生产经营活动有关的业务招待费，按照发生额的60%扣除，但最高不得超过当年销售（营业）收入的5‰。招待客户发生餐费支出明细科目为"招待费"；员工的午餐支出明细科目为"福利费"；员工的误餐支出明细科目不计入"招待费""福利费"；员工出差中的伙食支出（或补贴）限额实报实销的明细科目为"差旅费"，执行出差伙食定额补贴的明细科目为"差旅费"或"补贴"；与企业经营无关的餐费支出，企业不得报销。招待客户发生餐费支出和员工的午餐支出，为限额税前扣除项目。员工的误餐支出，为正常的经营支出，全额税前扣除。

（48）12月13日，销售人员报销差旅费2000元，业务招待费4408元，开出现金支票，补足备用金定额。业务招待费可以在"管理费用"或者"销售费用"设置二级科目"业务招待费"核算，这样便于单独考核部门业绩，只是纳税调整的时候需要合并考虑。一般来讲，外购礼品用于赠送的，应作为业务招待费，但如果礼品是纳税人自行生产或经过委托加工，对企业的形象、产品有标记及宣传作用的，也可作为业务宣传费。税法规定，企业应将业务招待费与会议费严格区分，不得将业务招待费计入会议费。在业务招待费用核算中要按规定的科目进行归集，如果不按规定而将属于业务招待费性质的支出隐藏在其他科目中，则不允许税前扣除。财务软件和网上报税年费直接计入管理费用。

（49）12月13日，用转账支票支付广告费，价税合计2120元，取得增值税电子专用发票。

（50）12月13日，管理部门车辆修理费3605元，取得增值税电子普通发票，采用支票结算。固定资产的后续支出包括固定资产使用过程中发生的更新改造支出、修理费用等。

（51）以前向亿优公司销售一批丙产品，开出的增值税专用发票上注明的销售价款143920元，增值税额18709.6元。亿优公司在验收过程中发现商品质量不合格，要求在价格上给予5%的折让。公司已收款确认销售收入，购买方已用于申报抵扣，12月13日，光谷公司开具红字专用发票并退回货款。纳税人发生应税行为，开具增值税专用发票后，发生开票有误或者销售折让、中止、退回等情形的，应当按照国家税务总局的规定开具红字增值税专用发票；未按照规定开具红字增值税专用发票的，不得扣减销项税额或者销售额。

（52）12月13日，公司房屋和地价原值3780（3300+480）万元，税法减除的比例30%，申报本季度应交的房产税79380元；公司占地面积4800平米，属于六级地段，每平方米年税额2元，申报本季度城镇土地使用税2400元；合计81780元。实训中房产税、城镇土地使用税每季缴纳一次。房产税和土地使用税不用每月计提。企业建造房屋占用耕地时按规定交纳的耕地占用税，企业购置应税车辆时按规定交纳的车辆购置税，企业取得土地使用权、房屋按规定交纳的契税，借记在建工程、固定资产、无形资产等科目，贷记银行存款科目。

（53）12月13日，缴纳本季度房产税79380元、本季度城镇土地使用税2400元，合计81780元。房产税和城镇土地使用税按年征收，分期缴纳，纳税期限由省、自治区、直辖市人民政府规定。房产税计税依据原值均应包含地价。宗地容积率低于0.5的，按房产建筑面积的2倍计算土地面积并据此确定计入房产原值的地价。

（54）12月13日，11月销项税额100万元，进项税额60万元，11月缴纳10月应交增值税35万元，11月应交增值税40万元。根据企业、银行和税务机关签订的三方协议，申报并缴纳11月增值税40万元。

（55）12月13日，申报并缴纳上月城建税28000元、教育费附加12000元、地方教育附加8000元。

（56）1—11月累计实际利润额（无纳税调整项目和累计利润总额相等）681.039万元，累计实际已缴纳所得税额152.25975万元，12月13日，申报并预缴11月企业所得税18万元。无论盈利或者亏损，企业都应当自月份或者季度终了之日起十五日内，向税务机关报送预缴企业所得税纳税申报表，预缴税款。实际利润额=利润总额+特定业务计算的应纳税所得额-不征税收入-免税收入、减计收入、所得减免等优惠金额-资产加速折旧、摊销（扣除）调减额-弥补以前年度亏损。

（57）12月16日，采用直线法计提固定资产折旧246000元，折旧年限符合税法规定。税法对固定资产折旧年限和折旧方法有限制，如果固定资产折旧年限、折旧方法与税法不一致，则需要纳税调整。本月应提折旧额＝上月应提折旧额＋上月增加的固定资产应提折旧额－上月减少的固定资产应提折旧额。财务软件可以自动计提折旧。

（58）12月17日，签发转账支票支付会计师事务所审计费用，价税合计19080元，取得增值税电子专用发票。审计报告是注册会计师对财务报表合法性和公允性发表审计意见的书面文书。审计报告一般在第二年上半年报出，这里是出于训练的需要。

（59）12月17日，支付汽油费4797元，取得增值税电子普通发票。签发支票，补足备用金定额。普票和专票对加油站本身来说没有区别，都是确认收入和销项税额。但是对于购买方来说，取得专用发票可以抵扣进项税额，普通发票不可以抵扣进项税额。

（60）12月18日，在财产清查的过程中，发现盘亏现金200元。库存现金的清查应采用实地盘点法，确定库存现金的实存数，再与现金日记账的账面余额进行核对，以查明盈亏情况。库存现金的盘点，应由清查人员会同出纳人员共同负责。

（61）12月18日，在财产清查的过程中，丁产品盘亏损失1件，系管理不善导致被盗，实际成本1728元，外购部分比例为75%。非正常损失的在产品、产成品所耗用的购进货物（不包括固定资产）、加工修理修配劳务和交通运输服务，不得抵扣进项税额。非正常损失是指因管理不善造成货物被盗、丢失、霉烂变质以及因违反法律法规造成货物或者不动产被依法没收、销毁、拆除等情形。

（62）12月18日，在财产清查的过程中，盘亏D材料4件，D材料单位计划成本100元。存货清查方法有实地盘点法和技术推算法两种，一般采用实地盘点法。清查时，既要从数量上核实，又要对质量进行鉴定。

（63）12月19日，向红十字捐款10万元。企业发生的公益性捐赠支出，在年度利润总额12%以内的部分，准予在计算应纳税所得额时扣除；超过年度利润总额12%的部分，准予结转以后三年内在计算应纳税所得额时扣除。企业发生与生产经营活动无关的各种非广告性质的赞助支出，在计算企业应纳税所得额时不得扣除。企业应通过捐赠回馈社会。

（64）12月19日，应付票据到期，用存款支付华南公司35万元货款。无息票据的到期价值等于面值，带息票据的到期价值等于面值加利息。

（65）12月20日，银行存款利息共2000.92元，其中工行1500.90元，建行500.02元。银行存款账户分为基本存款账户、一般存款账户、临时存款账户和专用存款账户。存款利息属于不征收增值税的项目，不用开具增值税发票。实务中银行从没有找过存款者要发票。

（66）12月20日，工商银行收取各种手续费、工本费、维护费、服务费合计2700元。纳税人接受贷款服务向贷款方支付的贷款利息、与该笔贷款直接相关的投融资顾问费、手续费、咨询费等费用，其进项税额不得从销项税额中抵扣。贷款利息应开增值税普通发票。直接收费金融服务取得增值税专用发票，按规定抵扣进项税额。付给银行的手续费可以用银行提供的回单做原始单据记账，通过网银支付的手续费，可以在网银将回单打出，然后去银行盖章确认，再作为原始单据记账使用。

（67）12月20日，销售丙产品400件，单价3400元，开出专用发票，价税合计153.68万元，通过网银收到。企业产品完工陆续入库，当前库存能满足销售需要。销售特定消费品需要计提消费税，销售特定资源需要计提资源税，销售土地和房屋，需要计提土地增值税，否则只需缴纳增值税，增值税属于价外税，因此不用计提。

（68）12月20日，办公室购买绿植支付1754元，取得增值税电子普通发票。

（69）2024年1月2日，支付价款48.05万元（含交易费用0.05万元）。从活跃市场购入于2024年1月1日发行的5年期国债，面值55万元，票面利率3%，按年支付利息，每年1月5日支付利息，最后一年年末兑付本金及最后一期利息，实际利率为6%，分类为以摊余成本计量的金融资产，采用实际利率法摊销。12月20日计提本年利息。税法规定，债权投资的利息收入按会计口径（实际利率法）计算所得税。金融商品持有期间（含到期）利息（保本收益、报酬、资金占用费、补偿金等）收入按照贷款服务缴纳增值税。金融商品持有期间（含到期）取得的非保本收益，不属于利息或利息性质的收入，不征收增值税。企业取得的国债利息收入，免征增值税、企业所得税，但转让国债取得的收益要按财产转让所得征收企业所得税。

（70）12月20日，盘亏现金200元，无法查明原因，经批准后作管理费用处理。

（71）12月20日，年末从建设银行武昌支行取得借款500万元，期限三年，年利率7.5%，每年年末支付利息。贷款是银行或其他金融机构按一定利率和必须归还等条件出借货币资金的一种信用活动形式。

（72）12月20日，支付仓库的工程款200万元，取得增值税电子普通发票（不能抵扣），仓库系2024年9月1日开工。

（73）12月20日，归还短期借款，本金100万元，利息3万元。该笔借款系2021年6月20日取得，年利率6%，期限半年，到期一次还本付息，按月计提利息，前期已经计提2.5万元。

（74）12月20日，自查发现11月购进国内旅客运输服务未抵扣进项税额230元，通行费未抵扣进项税额150元。摘要为"更正××年×月×日×号凭证"。更正错误的记账凭证可以不附原始凭证。

（75）12月20日，应收西北公司的一笔货款100万元到期，由于西北公司发生财务困难，该笔货款预计短期内无法收回。当日就该债权与西北公司进行协商，减免20万元债务，其余部分立即以货币资金偿还。公司已为该项债权计提坏账准备1万元。上述坏账损失向税务机关申报后可以扣除。债权人放弃债权的公允价值与账面价值之间的差额，应当计入当期损益。该债务重组不符合特殊性税务处理条件，债权人应当按照收到的债务清偿额低于债权计税基础的差额，确认债务重组损失。该笔业务需要纳税调整1万元。

（76）12月30日，报销本月职工培训费8483.6元，取得增值税电子普通发票。光谷公司职工教育经费未计提，发生时据实列支。企业发生的职工教育费支出，不超过工资薪金总额8%的部分，准予扣除；超过部分，准予在以后纳税年度结转扣除。

（77）12月20日，计算本季应交经济合同的印花税。光谷公司应当自季度终了之日起十五日内申报缴纳税款。买卖合同印花税税率0.3‰，计税金额2000万元，借款合同印花税税率0.05‰，计税金额500万元。具有合同性质的凭证，应按规定贴花。应税合同的计税依据为合同列明的价款或者报酬，不包括增值税税款；合同中价款或者报酬与增值税税款未分开列明的，按照合计金额确定。

（78）12月20日，产品盘亏，经批准结转损失。企业清查的各种财产的盘盈、盘亏和毁损应在期末结账前处理完毕，所以"待处理财产损溢"账户在期末结账后没有余额。企业发生的资产损失，应按规定的程序和要求向主管税务机关申报后方能在税前扣除。

（79）12月20日，按实际进餐人数和实际天数，每人每餐10元的标准，支付本月职工食堂中餐补贴4万元。职工福利费是指企业为职工提供的除职工工资、奖金、津贴、纳入工资总额管理的补贴、职工教育经费、社会保险费和补充养老保险费（年金）、补充医疗保险费及住房公积金以外的福利待遇支出，包括发放给职工或为职工支付的各项现金补贴和非货币性集体福利。税法规定，企业发生的职工福利费支出，不超过工资、薪金总额14%的部分，准予扣除。职工福利费可以不计提，据实列支，职工福利费为非货币性福利的，应当按照公允价值计量。

（80）12月20日，支付本月职工上下班的班车费用5000元，取得增值税电子普通发票，按职工福利开支处理。购进的餐饮服务、居民日常服务和娱乐服务，用于集体福利或者个人消费的购进货物、加工修理修配劳务、服务、无形资产和不动产，进项税额不得从销项税额中抵扣。汽车租赁配司机的，属于交通运输业务。汽车租赁不配司机的，属于有形动产租赁服务。在租赁期开始日，承租人应当对租赁确认使用权资产和租赁负债，应用租赁准则进行简化处理的短期租赁和低价值资产租赁除外。有形动产租赁服务税率是13%，不动产租赁服务税率是9%。

（81）12月23日，列支本期实际发生的职工福利费45000元。企业发生的职工福利费，应当在实际发生时根据实际发生额计入当期损益或相关资产成本。工会经费和职工教育经费与职工福利费处理不同。企业发生团建费用和体检费用属于职工福利。支付给单位职工的人人有份的补贴、补助，为个人购买汽车、住房、电子计算机等，应计征个人所得税。

（82）12月23日，支付本月电费，价税合计339000元，本月用电500000度，每度电不含税价0.6元，取得增值税电子专用发票。如果本月电费下月支付，则需要通过应付账款科目核算。

（83）12月23日，支付本月水费，价税合计10300元，本月用水4000吨，每吨不含税价2.5元，取得专用发票。如果本月水费下月支付，则需要通过应付账款科目核算。自行开具增值税专用发票的小规模纳税人，税务机关不再为其代开增值税专用发票。目前水费一般包括自来水费、水资源费和污水处理费三项。自来水费作为供水企业收入，用于企业生产经营；水资源费是行政事业性收费，用于供水设施建设；污水处理费是国家规定征收的费用，主要用于污水处理设施建设。污水处理费由排水主管部门委托供水企业在收取水费时一并代征，并使用财政部门统一印制的票据作为收费凭证。污水处理费免征增值税。实训未考虑污水处理费用（会计处理同一般水费）。直接向环境排放应税污染物的企业、事业单位和其他生产经营者应当缴纳环境保护税。

（84）12月24日，缴纳本年残保金12000元。取得残保金完税证明。残保金按用人单位具体安排残疾人就业差额人员数量和本单位在职职工年平均工资之积计算缴纳。用人单位按不低于1.5%比例雇用残疾人就业，专职职工230人以下免交残保金。残保金可以不计提，缴纳时直接计入管理费用。

（85）12月25日，销售给东北公司丁产品1000件，单价2340元，代垫运输费用5000元，办妥托收手续，货款尚未收到，开出增值税电子专用发票。企业产品完工陆续入库，当前库存能满足销售需要。客户自收到货物的30天内可以提出退货，运费由购货方承担，退货率3%。实际退货率与估计不一致，调整收入和成本。纳税调整时按照视同销售处理。

（86）12月27日，销售丙产品800件，单价3400元，开出增值税电子专用发票，采用商业汇票结算。公司承诺产品售出后1年内出现质量问题免费保修，法定保修与商品销售合并一起作单项履约义务。

（87）12月28日，经股东会批准，按照出资比例分配上一年股利300万元并通过网银支付。M公司和N公司各持光谷公司50%股份。上一年的股利一般在第二年上半年分配，这里是出于训练的需要。符合条件的居民企业之间的股息、红利等权益性投资收益为免税收入。个人取得的利息、股息、红利所得应交纳个人所得税。

（88）12月30日，企业采用应收账款余额百分比法计提坏账准备，企业坏账损失率为1%，公司账簿资料显示，年初应收账款1000万元，年初坏账准备10万元，本年发生坏账1万元，年末应收账款1500万元，年末计提坏账准备6万元，确认递延所得税资产1.25万元。税法规定，未经核定的准备金不得税前扣除，坏账损失在实际发生时扣除。金融资产减值使用信用减值损失，非金融资产减值使用资产减值损失（可简化处理）。

（89）12月30日，根据职工提供服务的受益对象，分配本月工资费用66万元。每月工资不一定相等。实训设计本月工资月底发放。很多企业本月工资下月发放。

（90）12月30日，计提职工全年一次性奖金26.64万元。年终奖是每年度末企业给予员工的奖励，是对一年来的工作业绩的肯定。考虑到发放当月计提当月费用太高，可以每月计提奖金。支付员工的工资可以造表发放，不需要发票。对于支付给个人的劳务费，企业需要代扣代缴个人所得税。个人从事小额零星经营业务，其支出可以以收款凭证及内部凭证作为税前扣除凭证，收款凭证应载明相关信息。

（91）12月30日，发放本月工资58.1065万元。代扣个人所得税1895元。代扣个人负担的保险4.708万元、住房公积金2.996万，合计7.704万元。员工事假期间，一律不发给工资，实行月薪制的，应当按月薪÷月计薪天数21.75计算扣除工资。员工病假期间，用人单位应当发给病假工资，具体标准由用人单位按不低于当地最低工资标准80%自主确定。实训通过"其他应付款"核算代扣个人的三险一金。也可以不通过"其他应付款"核算，直接通过"应付职工薪酬"科目处理。

（92）12月30日，代扣个人所得税2160元，发放职工年终奖264240元。年终奖一般在元旦之后春节放假前发放。这里是出于训练的需要。实训并入当年综合所得纳税。自2028年1月1日起，居民个人取得全年一次性奖金，应并入当年综合所得计算缴纳个人所得税。

（93）12月30日，按工资总额（含全年一次性奖金）的2%计提工会经费18528元。工会经费的计提依据为工资总额。计提就是计算和提取，指预先计入某些已经发生但未实际支付的费用。党组织工作经费纳入企业管理费列支，不超过职工年度工资薪金总额1%的部分，可以据实在企业所得税前扣除。

（94）12月30日，缴费基数42.8万元，企业按30%计提养老保险、医疗保险、失业保险、工伤保险、生育保险合计128400元，企业按7%计提住房公积金29960元。

（95）12月30日，缴纳本月工会经费18528元，其中40%由税务局代收，60%上交单位工会。单位设立工会账户，单独核算，专款专用。企业拨缴的工会经费，不超过工资薪金总额2%的部分，准予扣除。工会经费超支产生永久性差异。

（96）12月30日，计算汇兑损益。附汇兑损益计算表。期末应付账款40 000美元，期末汇率6.58。外币账户同时登记外币和本位币金额。对于借方多栏式明细账，贷方发生额应该用红字在借栏中登记。

（97）12月31日，公司拥有南湖机械有限责任公司40%股份，采用权益法核算，2024年南湖公司盈利30万元（不需调整）。企业不打算出售长期股权投资，权益法下形成的应纳税暂时性差异不确认递延所得税负债。公司拥有东湖机械有限责任公司80%股份，采用成本法核算，2024年东湖公司盈利80万元。实务中被投资单位报告年度的净损益在下一年1—2月份才能核算出来，到2月底或3月初才向投资企业报送。

（98）12月31日，根据账簿资料，计算原材料的材料成本差异率，结转发出材料负担的材料成本差异。

（99）12月31日，根据账簿资料，计算周转材料的材料成本差异率，结转发出周转材料负担的材料成本差异。

（100）12月31日，盘亏D材料系计量差错导致的，经批准后作管理费用处理。

（101）12月31日，汇总一车间制造费用并按工资比例分配。制造费用包括物料消耗、车间管理人员的薪酬，车间管理用房屋和设备的折旧费、租赁费和保险费，管理用具摊销，车间管理用的照明费、水费、取暖费、劳动保护费、设计制图费、试验检验费、办公费以及季节性和修理期间的停工损失等。制造费用属于应计入产品成本但不专设成本项目的各项成本，通常采用工时比例法（或工资比例法）分配。

（102）12月31日，汇总二车间制造费用并按工资比例分配。如果有辅助生产车间，那么应先分配辅助生产费用，再分配基本生产车间的制造费用。辅助生产费用，是指企业所属辅助生产部门为生产提供工业性产品和劳务所发生的各种辅助生产费用。辅助生产车间发生的制造费用，可以直接在"辅助生产成本"科目的借方归集；也可以通过"制造费用"科目进行，月末再结转到"辅助生产成本"科目的借方。辅助生产费用的分配通常采用的方法有直接分配法、交互分配法、代数分配法、顺序分配法、计划成本法等。

（103）12月31日，一车间完工甲半成品800件，直接转入二车间继续加工丙产品，采用逐步综合结转分步法，材料系一次性投入，在产品完工率50%。如果月末既有完工产品又有在产品，那么生产成本明细账中归集的月初在产品成本与本月发生的生产费用之和应当在完工产品和月末在产品之间进行分配，以计算完工产品和月末在产品的成本。常用的分配方法有不计算在产品成本法、在产品成本按年初数固定计算法、在产品成本按其所耗用的原材料费用计算法、约当产量法、在产品成本按定额成本计算法、定额比例法。

（104）12月31日，一车间完工乙半产品1200件，直接转入二车间继续加工丁产品，采用逐步综合结转分步法，材料系一次性投入，在产品完工率50%。逐步综合结转分步法，是指各生产步骤耗用上一步骤的半成品成本，以其综合成本记入下一步骤成本计算单中的"直接材料"项目，或是设立"半成品"项目。实训不考虑成本还原。

（105）12月31日，二车间丙产品本月完工入库1000件，计算丙产品成本。材料一次性投入，在产品完工率50%。合同的履约过程中如果形成存货的，则作为存货（在产品、产成品等）核算；如果不形成存货的（例如劳务成本），那么应通过合同履约成本归集。

（106）12月31日，二车间丁产品本月完工入库1000件，计算丁产品成本。材料一次性投入，在产品完工率50%。产品的生产成本分为直接生产费用和间接生产费用。

（107）12月31日，汇总产品出库单，丙产品本月销售1200件，采用先进先出法计算结转本期销售丙产品的成本。企业领用或发出存货，按照实际成本核算的，可以根据实际情况选择采用先进先出法、加权平均法、移动平均法、个别计价法等确定其实际成本。

（108）12月31日，汇总产品出库单，丁产品盘亏损失1件，丁产品本月销售1000件，采用先进先出法计算结转本期销售丁产品的成本。结转，指将某一账户的余额或差额转入另一账户，从而达到一定的目的，可简化处理。

（109）12月31日，在建工程完工交付使用。本期期初在建工程支付240万元，系仓库2024年9月1日开工并支付工程款240万元。竣工决算是整个建设工程的最终价格，是作为建设单位财务部门汇总固定资产的主要依据。

（110）12月31日，三峡公司股票（其他权益工具投资）尚未出售，每股市价9.01元，市价总额为90.1万元，确认递延所得税负债，可简化处理。

（111）12月31日，本月进项税额已经通过网上勾选认证，公司增值税纳税期限为一个月，根据账簿资料，月末转出未交增值税。企业交纳消费税、资源税、土地增值税通过"税金及附加"核算。先进制造业企业按照当期可抵扣进项税额加计抵减应纳增值税税额（阶段性税收优惠）。符合规定的纳税人，可以向主管税务机关申请退还增量留抵税额。手工账"应交税费——应交增值税"采用多栏式，财务软件"应交税费——应交增值税"设置三级明细科目，主要区别在于期末结转不同。

（112）12月31日，计提本月应缴的城建税30374.4元、教育费附加13017.6元、地方教育附加8678.4元。城建税、教育费附加、地方教育附加的计提比例分别为7%、3%、2%。纳税人申报增值税、消费税时，应一并申报附加税费。月末一个银行账号编制一张银行存款余额调节表。如果发现会计差错，那么根据差错类型选用不同的方法更正。

（113）12月31日，结转各项收入、利得。本年利润结转通常有两种方法。账结法，每个会计期间期末将损益类科目净发生额结转到本年利润科目，损益类科目月末不留余额。表结法，在1—11月份，各损益类科目的余额在账务处理上暂不结转至本年利润，到12月份年终结算时，再将各损益类科目的余额结转至本年利润，结转后各损益类科目的余额为0。实训采用账结法。不需要附原始凭证。财务软件自动生成结转损益记账凭证。

（114）12月31日，结转各项费用、损失。损益类科目包括收入、费用、直接计入当期利润的利得或损失。本月实现利润总额110万元。

（115）12月31日，免税收入=28+2.883=30.883万元，累计实际利润额681.039+110-30.883=760.156万元，累计实际已缴纳所得税额170.25975万元，本月应预交所得税197792.5元。纳税人12月份或者第四季度的企业所得税预缴纳税申报，应在纳税年度终了后15日内完成，预缴申报后进行当年（所属年度）企业所得税汇算清缴。预缴时借记应交税费科目，贷记银行存款科目。

（116）12月31日，计提年终汇算清缴时应补缴的企业所得税，纳税人应当自纳税年度终了之日起5个月内，进行汇算清缴，结清应缴应退企业所得税税款。公司全年实现销售收入44902804元（含视同销售），全年招待费实际开支384514.02元，44902804×0.5%=224514.02元，全年超支16万元，纳税调增16万元；减值准备调增5万元；视同销售调增1.74万元；国债利息调减2.883万元；权益法下投资收益调减12万元；成本法下投资收益调减28万元；广告与业务宣传费未超标；公益性捐赠未超标；三费未超标；无其他纳税调整事项。全年利润总额791.039万元，应交所得税=（791.039+16+5+1.74-2.883-40）×25%=192.724万元，全年应预缴所得税190.039万元，年终应补缴2.685万元。实训汇算清缴直接在年末处理。结账后汇算清缴应当通过以前年度损益调整科目核算。涉及所得税退税或者补税的，会影响资产负债表的未分配利润。次年补缴缴纳所得税时，借记应交税费科目，贷记银行存款科目。企业在报送企业所得税纳税申报表时，应当按照规定附送财务会计报告和其他有关资料。资产负债表日后调整事项，应当视同资产负债表所属期间发生的事项一样，作出相关的账务处理。如果汇算清缴是在会计报表批准报出之前，那么按《资产负债表日后事项》规定处理，可简化处理。

（117）12月31日，结转所得税费用。采用资产负债表债务法，利润表中的所得税费用由两个部分组成，分别是当期所得税和递延所得税。

（118）光谷公司1—11月利润总额681.039万元，所得税费用170.25975万元，净利润510.77925万元。本月利润总额110万元，所得税费用20.77925万元，净利润89.22075万元。全年实现净利润600万元。按10%计提法定盈余公积，按10%计提任意盈余公积。

（119）年终结转本年利润600万元。本年利润账户的余额表示年度内累计实现的净利润或净亏损，该账户平时不结转，年终一次性地转至"利润分配——未分配利润"账户。

（120）年终结转利润分配的其他明细科目。试算平衡，是指在借贷记账法下，利用借贷发生额和期末余额（期初余额）的平衡原理，检查账户记录是否正确的一种方法。结账是在把一定时期内发生的全部经济业务登记入账的基础上，计算并记录本期发生额和期末余额。结账划线是为了突出本月合计数及月末余额，表示本会计期的会计记录已经截止或结束，并将本期与下期的记录明显分开。

第三节　相关原始凭证

凭证1-1

武汉光谷公司借款单

2024年12月2日

填　报　部　门	采购部门				
借　款　事　由	采购出差				
今借到人民币（大写）×仟×佰×拾贰万零仟零佰零拾零元零角零分　¥20000.00					
备注					
批准人	郝运	财务负责人	钱景	借款人	陈刚

凭证1-2

中国工商银行 现金支票存根 支票号码945461 附加信息 ———————— ———————— ———————— 出票日期 2024年12月2日 收款人：陈刚 金额：20000.00 用途：出差 单位主管孙玲 会计李冰	本支票付款期限十天	中国工商银行现金支票

中国工商银行现金支票

支票号码945461

出票日期（大写）：贰零贰肆年壹拾贰月零贰日　付款行名称

收款人：陈刚　　　　　　　　　　　　　　出票人账号

人民币（大写） 贰万元整	亿	千	百	十	万	千	百	十	元	角	分
				￥2	0	0	0	0	0	0	0

用途：预支差旅费

上列款项请从
我账户内支付
出票人签章　　　　　　　　　　　　　　复核　　　记账

凭证2

托收凭证（收账通知）

委托日期　　2024年12月3日

业务类型		委托收款（邮汇，电汇）		托收承付（邮汇，电汇）		
付款人	全称	中南公司	收款人	全称	武汉光谷机械有限责任公司	
	账号	135000078444478		账号	128333333388888	
	地址	武汉友谊大道100号		地址	武汉市武汉大道128号	

金额	人民币（大写）叁佰叁拾万陆仟肆佰元整	亿	千	百	十	万	千	百	十	元	角
			￥ 3	3	0	6	4	0	0	0	0

款项内容		托收凭据名称	附寄单证张数	2
商品发运情况			合同名称号码	
备注 复核　记账			上列款项已划回收入你方账户内。 收款开户银行签章　2024年12月3日	

收款人开户银行给收款人的收账通知

凭证3-1

```
                中国工商银行

               转账支票存根
                30804230
                90252031

        附加信息
        _____

        _____

        _____


            出票日期：　2024年12月3日
```

收款人：白云公司
金额：1434535.00
用途：货款

单位主管　孙玲　　会计　李冰

凭证3-2

动态二维码	电子发票（增值税专用发票） 开票号码：（20位） 开票日期：2024 年 12 月 3 日		

购买方信息	名称：武汉光谷机械有限责任公司 统一社会信用代码/纳税人识别号： 420044444466661236	销售方信息	名称：白云公司 统一社会信用代码/纳税人识别号： 454500000057571235

项目名称	规格型号	单位	数量	单价	金额	税率/征收率	税额
A		件	650	760	494000.00	13%	642200.00
B		件	1100	705	775500.00	13%	100815.00
合计					￥1269500.00		￥165035.00

价税合计（大写）	Ⓧ壹佰肆拾叁万肆仟伍佰叁拾伍元整 （小写）￥1434535.00
备注	

开票人：张某某

凭证3-3

中国工商银行

转账支票存根

30804230

90252032

附加信息

_____

_____

_____

出票日期：2024年12月3日

收款人：蚂蚁物流
金额：21800.00
用途：支付运费

单位主管 孙玲 会计 李冰

凭证3-4 采购合同

甲方：武汉光谷机械有限责任公司　　　　乙方：白云公司

　　根据《中华人民共和国合同法》及有关法律、法规规定，甲、乙双方本着平等、自愿、公平、互惠互利和诚实守信的原则，就产品供销的有关事宜协商一致订立本合同，以便共同遵守。

　　一、合同价款及付款方式：

　　本合同签订后，在乙方将产品及时送至甲方指定的地点并经甲方验收后，甲方一次性将款项付给乙方，不得拖延。

　　二、产品质量：

　　1. 乙方保证所提供的产品货真价实，来源合法，无任何法律纠纷和质量问题，如果乙方所提供产品与第三方出现了纠纷，那么由此引起的一切法律后果均由乙方承担。

　　2. 如果甲方在使用上述产品过程中，出现产品质量问题，那么由乙方负责调换，若不能调换，则应予以退还。

　　三、违约责任

　　1. 甲乙双方均应全面履行本合同约定，一方违约给另一方造成损失的，应当承担赔偿责任。

　　2. 乙方未按合同约定供货的，按延迟供货的部分款计算，每延迟一日承担货款的万分之五违约金，延迟10日以上的，除支付违约金外，甲方有权解除合同。

　　3. 甲方未按照合同约定的期限结算的，应按照中国人民银行有关延期付款的规定，延迟一日，需支付结算货款的万分之五的违约金，延迟10日以上的，除支付违约金外，乙方有权解除合同。

　　四、其他约定事项

　　本合同一式两份，自双方签字之日起生效。如果出现纠纷，双方均可向有管辖权的人民法院提起诉讼。

2024年11月30日

凭证3-5

材料运费分配计算表

材料名称	分配标准（吨）	分配率（元/吨）	分配金额（元）
A材料	40	200	8000
B材料	60	200	12000
合计	100		20000

凭证3-6

| 动态
二维码 | 货物运输服务 | 电子发票（增值税专用发票） | 开票号码：（20位）
开票日期：2024 年 12 月 3 日 |

| 购买方信息 | 名称：武汉光谷机械有限责任公司
统一社会信用代码/纳税人识别号：
420044444466661236 | 销售方信息 | 名称：蚂蚁物流
统一社会信用代码/纳税人识别号：
868777700000002 |

项目名称	单位	数量	单价	金额	税率/征收率	税额
货物运输				20000.00	9%	1800.00
合计				￥20000.00		￥1800.00

运输工具种类	运输工具牌号	起运地	到达地	运输货物名称
汽车		南京	武汉	

价税合计（大写）	⊗ 贰万壹仟捌佰元整　　（小写）￥21800.00
备注	

开票人：刘某某

凭证4

银行本票申请书（存根）

申请日期　　2024年12月3日　　　第　　号

申请人	武汉光谷机械有限责任公司	收款人				武汉远大公司							此联申请人留存
账号或住址	128333333388888	账号或住址				武汉光谷大道							
用途	购买材料	代理付款行				工行							
汇票金额	人民币（大写）壹佰贰拾叁万零伍佰柒拾元整	千	百	十	万	千	百	十	元	角	分		
		￥	1	2	3	0	5	7	0	0	0		
备注		科目：　　　　　对方科目： 财务主管　　　复核　　　经办											

凭证5（使用银行本票结算）

动态 二维码			电子发票（增值税专用发票）开票号码：（20位）					

开票日期：2024 年 12 月 3 日

| 购买方信息 | 名称：武汉光谷机械有限责任公司
统一社会信用代码/纳税人识别号：
420044444466661236 | | | | | 销售方信息 | 名称：武汉远大公司
统一社会信用代码/纳税人识别号：
420000420000661236 | |

项目名称	规格型号	单位	数量	单价	金额	税率/征收率	税额
C		件	2200	495	1089000.00	13%	141570.00
合计					￥1089000.00		￥141570.00

价税合计（大写）	ⓧ壹佰贰拾叁万零伍佰柒拾元整　（小写）￥1230570.00
备注	

开票人：张某某

凭证6-1

商业承兑汇票（存根）

出票日期（大写）：贰零贰肆年壹拾贰月零肆日　　　　　汇票号码

付款人	全称	武汉光谷机械有限责任公司		收款人	全称	华中公司								
	账号	128333333388888			账号	429696969644444								
	开户银行	工行东湖支行			开户银行	工行								

出票金额	人民币（大写）玖万柒仟玖佰柒拾壹元整	千	百	十	万	千	百	十	元	角	分
				￥	9	7	9	7	1	0	0

汇票到期日 （大写）	贰零贰伍年零叁月零肆日	付款人 开户行	行号	工行
			地址	
交易合同号码				

出票人签章	备注

凭证6-2

电子发票（增值税专用发票）开票号码：（20位）

开票日期：2024 年 12 月 4 日

购买方信息	名称：武汉光谷机械有限责任公司 统一社会信用代码/纳税人识别号： 420044444466661236	销售方信息	名称：华中公司 统一社会信用代码/纳税人识别号： 426667878787851235

项目名称	规格型号	单位	数量	单价	金额	税率/征收率	税额
D		件	850	102	86700.00	13%	11271.00
合计					￥86700.00		￥11271.00

价税合计（大写）	⊗玖万柒仟玖佰柒拾壹元整　（小写）￥97971.00
备注	

开票人：刘某某

凭证7-1

中国工商银行

转账支票存根

30804230

90252033

附加信息

_____

_____

_____

出票日期：2024年12月4日

收款人：长江科技
金额：9270.00
用途：展览费

单位主管　孙玲　会计　李冰

凭证7-2

动态 二维码	电子发票（普通发票）开票号码：（20位） 开票日期：2024 年 12 月 4 日

购 买 方 信 息	名称：武汉光谷机械有限责任公司 统一社会信用代码/纳税人识别号： 420044444466661236	销 售 方 信 息	名称：长江科技 统一社会信用代码/纳税人识别号： 454500000057501236

项目名称	规格型号	单位	数量	单价	金额	税率/征收率	税额
展览服务					9000.00	13%	270.00
合计					￥9000.00		￥270.00

价税合计（大写）	⊗玖仟贰佰柒拾元整　（小写）￥9270.00
备注	

开票人：王某某

凭证8（要求自制）

材料验收入库单

验收日期：2024年12月5日　　　　　　　　单位：元

品名	规格	单位	数量		实际成本				计划成本	
			应收	实收	单价	总价	运杂费	合计	单价	总价
A		件								
B		件								
合计										
材料成本差异（材料）										

供销主管：　　　　　　　验收保管：　　　　　　　采购：　　　　　　　制单：张涵

凭证9（要求自制）

材料验收入库单

验收日期：2024年12月5日　　　　单位：元

品名	规格	单位	数量		实际成本				计划成本	
			应收	实收	单价	总价	运杂费	合计	单价	总价
C		件								
D		件								
合计										
材料成本差异（材料）										

供销主管：　　　　　　验收保管：　　　　　　采购：　　　　　　制单：张涵

凭证10-1

电子发票（增值税专用发票）　开票号码：（20位）

开票日期：2024 年 12 月 4 日

购买方信息	名称：武汉光谷机械有限责任公司 统一社会信用代码/纳税人识别号： 420044444466661236	销售方信息	名称：湖北天宇公司 统一社会信用代码/纳税人识别号： 423434343535361236

项目名称	规格型号	单位	数量	单价	金额	税率/征收率	税额
E		个	50	38	1900.00	13%	247.00
合计					￥1900.00		￥247.00

价税合计（大写）	⊗贰仟壹佰肆拾柒元整	（小写）￥2147.00
备注		

开票人：刘某某

凭证10-2（要求自制）

中国工商银行

转账支票存根

30804230

90252034

附加信息

_____

_____

_____

出票日期：　　　年　　月　　日

| 收款人： |
| 金额： |
| 用途： |

单位主管　　　　　会计

凭证11-1

电子发票（普通发票）　开票号码：（20位）

开票日期：2024年12月6日

购买方信息	名称：武汉光谷机械有限责任公司 统一社会信用代码/纳税人识别号： 420044444466661236	销售方信息	名称：方便维修公司 统一社会信用代码/纳税人识别号： 420044444456781232

项目名称	规格型号	单位	数量	单价	金额	税率/征收率	税额
产品修理					400.00	3%	12.00
合计					￥400.00		￥12.00

价税合计（大写）	Ⓧ肆佰壹拾贰元整　（小写）￥412.00
备注	

开票人：胡某某

凭证11-2

中国工商银行
转账支票存根
30804230
90252035

附加信息

_____

_____

_____

出票日期：2024年12月6日

收款人：方便维修
金额：412.00
用途：产品修理费

单位主管　孙玲　　会计　李冰

凭证12（要求自制）

材料验收入库单

验收日期：2024年12月9日　　　　单位：元

品名	规格	单位	数量		实际成本				计划成本	
			应收	实收	单价	总价	运杂费	合计	单价	总价
E		个								
合计										
材料成本差异（材料）										

供销主管：　　　　　　验收保管：　　　　　　采购：　　　　　　制单：张涵

凭证13-1

中国工商银行
转账支票存根
30804230
90252036

附加信息

_____

_____

_____

出票日期：2024年12月9日

| 收款人：阳光量贩连锁有限公司 |
| 金额：16380.00 |
| 用途：货款 |

单位主管　孙玲　　会计　李冰

凭证13-2

动态二维码	电子发票（普通发票）开票号码：（20位）开票日期：2024年12月9日

购买方信息	名称：武汉光谷机械有限责任公司 统一社会信用代码/纳税人识别号： 420044444466661236	销售方信息	名称：阳光量贩连锁有限公司 统一社会信用代码/纳税人识别号： 420044444456781232

项目名称	规格型号	单位	数量	单价	金额	税率/征收率	税额
劳保用品			140		15902.91	3%	477.09
合计					￥15902.91		￥477.09

价税合计（大写）	⊗壹万陆仟叁佰捌拾元整（小写）￥16380.00
备注	

开票人：王某某

凭证14

| 动态 二维码 | 电子发票（增值税专用发票） 开票号码：（20位） 开票日期：2024 年 12 月 9 日 | | |

| 购买方信息 | 名称：武汉光谷机械有限责任公司 统一社会信用代码/纳税人识别号： 42004444466661236 | 销售方信息 | 名称：西湖公司 统一社会信用代码/纳税人识别号： 425555666121211232 |

项目名称	规格型号	单位	数量	单价	金额	税率/征收率	税额
包装箱		个	2000	31	62000.00	13%	8060.00
合计					￥62000.00		￥8060.00
价税合计（大写）	Ⓧ柒万零陆拾元整 （小写）￥70060.00						
备注							

开票人：李某某

凭证15-1

中国工商银行

转账支票存根

30804230

90252037

附加信息

_____

_____

_____

出票日期：2024年12月9日

收款人：五金公司
金额：3540.00
用途：货款

单位主管　孙玲　会计　李冰

凭证15-2

动态二维码	电子发票（普通发票） 开票号码：（20位） 开票日期：2024年12月9日

购买方信息	名称：武汉光谷机械有限责任公司 统一社会信用代码/纳税人识别号： 420044444466661236	销售方信息	名称：武汉五金连锁公司 统一社会信用代码/纳税人识别号： 420044444456111238

项目名称	规格型号	单位	数量	单价	金额	税率/征收率	税额
工具			60		3436.89	3%	103.11
合计					￥3436.89		￥103.11

价税合计（大写）	⊗叁仟伍佰肆拾元整（小写）￥3540.00
备注	

开票人：胡某某

凭证16（要求自制）

材料验收入库单

验收日期：2024年12月9日　　　　　　　　　单位：元

品名	规格	单位	数量		实际成本				计划成本	
			应收	实收	单价	总价	运杂费	合计	单价	总价
劳保用品										
包装箱										
工具										
合计										
材料成本差异（周转材料）										

供销主管：　　　　　　验收保管：　　　　　　采购：　　　　　　制单：张涵

凭证17

中国工商银行进账单

2024年12月9日　　第　　号

出票人	全称	北方公司	持票人	全称	武汉光谷机械有限责任公司	开户行给持票人的收账通知
	账号			账号	128333333388888	
	开户银行	工商银行		开户银行	工商银行东湖支行	

人民币（大写）伍拾壹万伍仟元整	千	百	十	万	千	百	十	元	角	分
票据种类　商业汇票			￥	5	1	5	0	0	0	0	0
票据张数										
单位主管：　会计　复核　记账	收款单位开户行盖章									

凭证18（要求自制）：提现25000元

中国工商银行 现金支票存根 支票号码945462 附加信息 ──────── ──────── 出票日期　年 月 日 收款人： 金额： 用途：提现备用 单位主管　　会计	本支票付款期限十天	中国工商银行现金支票 支票号码945462

中国工商银行现金支票　　支票号码945462

出票日期（大写）　年　月　日　付款行名称
收款人：　　　　　　　　　出票人账号

人民币（大写）	亿	千	百	十	万	千	百	十	元	角	分

用途────

上列款项请从
我账户内支付
给出票人签章　　　　　　　　复核　　记账

凭证19-1

武汉光谷机械有限责任公司原始凭证粘贴单

　共粘贴原始凭证　10　张　金额合计：￥23000.00　经手人：陈刚

凭证19-2

武汉光谷机械有限责任公司
差旅费报销单

2024年12月10日

姓名：陈刚						出差事由：商谈采购事项								
起止时间及地址						车船费	通宵乘车	在途补助		住勤补助		住宿费	其他	
月	日	起点	月	日	终点	金额	金额	天数	金额	天数	金额	金额	摘要	金额
小计														
合计大写：贰万叁仟元整						预支20000核销23000补现金3000　（火车票9810元）								

　负责人：钱景　　出差人：陈刚　　　　附单据共10张

凭证20

长期借款计息

单位：万元

借款时间	2021年7月1日
到期时间	2026年6月30日
本金	2000
付息方式	按年付息
利率	7.5%
本月计提利息	2000×7.5%÷12=12.5万
资本化金额	0
费用化金额	12.5万

凭证21-1

2024 年11月保险费和住房公积金计算表

单位：元

项目＼部门	明细	职工人数	工资	缴费基数	企业负担保险30%	企业负担公积7%	个人负担保险11%	个人负担公积7%
工资标准	总经理18000；部门经理10000；主管4000；其他人员3000；生产人员3200								
缴费标准	总经理5000；部门经理5000；主管3000；其他人员2000；生产人员2000								
一车间 2个主管 5个一般管理人员	甲	54	172800	108000	32400	7560	11880	7560
	乙	36	115200	72000	21600	5040	7920	5040
	车管	7	23000	16000	4800	1120	1760	1120
二车间 2个主管 5个一般管理人员	丙	33	105600	66000	19800	4620	7260	4620
	丁	27	86400	54000	16200	3780	5940	3780
	车管	7	23000	16000	4800	1120	1760	1120
管理部门 1总5经4主16一般人员		26	132000	74000	22200	5180	8140	5180
销售部门 2个主管 8个一般人员		10	32000	22000	6600	1540	2420	1540
合计		200	690000	428000	128400	29960	47080	29960

凭证21-2

中国工商银行
转账支票存根
30804230
90252038

附加信息

_____

_____

_____

出票日期：2024年12月10日

| 收款人：武汉住房公积金管理中心 |
| 金额：59920.00 |
| 用途：住房公积 |

单位主管　孙玲　会计　李冰

凭证21-3

武汉住房公积金汇（补）缴书

2024年12月10日　　　　　　　　　0000007

		缴存单位	武汉光谷机械有限责任公司	公积金账号				2244615							
客户填写		缴存金额（大写）	伍万玖仟玖佰贰拾元整		千	百	十	万	千	百	十	元	角	分
							￥	5	9	9	2	0	0	0
		上月汇缴		本月增加汇缴		本月减少汇缴			本月汇缴						
		人数	金额	人数	金额	人数		金额	人数					金额	
									200					59920.00	
		汇缴	2024年11月		补缴人数：		人		附变更清册：				张		
		补缴			补缴金额：		元		附补缴清册：				张		
受理网点填写		业务审核				资金入账									
												单位印鉴			

武汉住房公积金管理中心监制

凭证21-4

社会保险费缴费申报表　　　　　填表日期：2024年12月10日

缴费单位（人）全称		武汉光谷机械有限责任公司	费款所属日期 2024年11月1日至2024年11月30日						
费　别	项　目	缴费人数	缴费基数	缴费率	应缴金额	批准缓缴金额	已缴金额	实缴金额	欠缴金额
		1	2	3	4=2×3	5	6	7	8
基本养老保险费	单位	200	428000	20%	85600			85600	
	个人	200	428000	8%	34240			34240	
医疗保险费	单位	200	428000	8%	34240			34240	
	个人	200	428000	2%	8560			8560	
失业保险费	单位	200	428000	1%	4280			4280	
	个人	200	428000	1%	4280			4280	
工伤保险费		200	428000	0.5%	2140			2140	
生育保险费		200	428000	0.5%	2140			2140	
合　　计				41%	175480			175480	
如缴费单位（人）填报，请填写下列各栏				如委托代理人填报，请填写下列各栏					
单位（人）（盖章）		经办人（盖章）		代理人名称　代理人地址				代理人（盖章）	

凭证21-5

转账日期：2024年12月10日			
纳税人全称及识别号　420044444466661236			
付款人全称：武汉光谷机械有限责任公司			
付款人账号：128333333388888		征收机关名称　东湖税务	
付款人开户银行：工商银行东湖支行		收款国库（银行）名称：	
小写（合计）金额：175480.00		缴款书交易流水号：	
大写（合计）金额：壹拾柒万伍仟肆佰捌拾元整		税票号码：	
税（费）种名称		所属时期	实缴金额
生育保险基金	0.5%	20241101—20241130	2140
工伤保险基金	0.5%	20241101—20241130	2140
失业保险基金	1%+1%=2%	20241101—20241130	8560
基本养老保险基金	20%+8%=28%	20241101—20241130	119840
基本医疗保险基金	8%+2%=10%	20241101—20241130	42800

凭证22-1

个人所得税扣缴申报表

税款所属期限　　　　2024 年 11 月 1 日至 2024 年 11 月 30 日

序号	姓名	身份证件类型	身份证件号码	纳税人识别号	是否为非居民个人	所得项目	本月（次）情况												累计情况										减按计税比例	准予扣除的捐赠额	税款计算							备注
							收入额计算			减除费用	专项扣除				其他扣除				累计收入额	累计减除费用	累计专项扣除	累计专项附加扣除					累计其他扣除			应纳税所得额	税率/预扣率	速算扣除数	应纳税额	减免税额	已缴税额	应补退税额	
							收入	费用	免税收入		基本养老保险费	基本医疗保险费	失业保险费	住房公积金	年金	商业健康保险	税延养老保险	财产原值	允许扣除的税费	其他				子女教育	赡养老人	住房贷款利息	住房租金	继续教育									
1	2	3	4	5	6	7	8	9	10	11	12	13	14	15	16	17	18	19	20	21	22	23	24	25	26	27	28	29	30	31	32	33	34	35	36	37	38	39	40
		合计																																					

谨声明：本表是根据国家税收法律法规及相关规定填报的，是真实的、可靠的、完整的。

扣缴义务人（签章）：　　　　　　　　　　　　　　　　　2024 年 12 月 10 日

凭证22-2

中华人民共和国

税收 完税 证明

填发日期：2024年12月10日　　　　税务机关：国家税务总局武汉市税务局

纳税人识别号	420044444466661236		纳税人名称	武汉光谷机械有限责任公司		收据联交纳税人作完税凭证
原凭证号	税种	品目名称	税款所属时期	入（退）库日期	实缴（退）金额	
	个人所得税	工资薪金所得	20241101—20241130		1475.00	
金额合计	（大写）壹仟肆佰柒拾伍元整				￥1475.00	
税务机关 （盖章）	填表人	备注：一般申报　征税 国家税务总局武汉市税务局				
妥善保管						

凭证22-3

转账日期：2024年12月10日		
纳税人全称及识别号：　　武汉光谷机械有限责任公司42004444466661236		
付款人全称：武汉光谷机械有限责任公司		
付款人账号：128333333388888	征收机关名称：东湖税务	
付款人开户银行：工商银行东湖支行	收款国库（银行）名称：	
小写（合计）金额：1475.00	缴款书交易流水号：	
大写（合计）金额：壹仟肆佰柒拾伍元整	税票号码：	
税（费）种名称	所属时期	实缴金额
个人所得税	202401101—20241130	1475.00

凭证23-1

中国工商银行

转账支票存根

30804230

90252039

附加信息

_____

_____

_____

出票日期：2024年12月10日

收款人：满意咨询公司
金额：7210.00
用途：咨询费

单位主管　孙玲　　会计　李冰

凭证23-2

动态 二维码				

电子发票（普通发票）　开票号码：（20位）

开票日期：2024 年 12 月 10 日

购买方信息	名称：武汉光谷机械有限责任公司 统一社会信用代码/纳税人识别号： 420044444466661236	销售方信息	名称：湖北满意咨询公司 统一社会信用代码/纳税人识别号： 454500000057421233

项目名称	规格型号	单位	数量	单价	金额	税率/征收率	税额
咨询费					7000.00	3%	210.00
合计					￥7000.00		￥210.00

价税合计（大写）	ⓧ柒仟贰佰壹拾元整	（小写）7210.00

备注	

开票人：胡某某

凭证24-1

上海证券中心登记结算公司

买卖类别：卖出	成交日期：2024年12月10日
股东代码：	股东姓名：武汉光谷
资金账号：	合同号码：
证券名称：	委托时间：
成交代码：	成交金额：600000.00
成交股数：100000	手续费：900.00
成交价格：6.00	印花税（税率1‰）：600.00
收付金额：598500.00	

经办单位：　　　　　　　　　　　　　　　　　客户印章：

凭证24-2

中国工商银行进账单

2024年12月10日　　　　　　　第　号

出票人	全称			持票人	全称	武汉光谷机械有限责任公司										开户行给持票人的收账通知
	账号				账号	128333333388888										
	开户银行				开户银行	工商银行东湖支行										
人民币（大写）伍拾玖万捌仟伍佰元整						千	百	十	万	千	百	十	元	角	分	
票据种类							￥	5	9	8	5	0	0	0	0	
票据张数																
单位主管　会计　复核　记账																
									收款单位开户行盖章							

凭证25-1

中国工商银行

转账支票存根

30804230

90252040

附加信息

_____

_____

_____

出票日期2024年12月10日

收款人：幸福广场管理有限公司
金额：4576.00
用途：办公用品

单位主管　孙玲　会计　李冰

凭证25-2

<table>
<tr><td rowspan="2">动态
二维码</td><td colspan="4" align="center">电子发票（普通发票）</td><td>开票号码：（20位）</td></tr>
<tr><td colspan="4"></td><td>开票日期：2024 年 12 月 10 日</td></tr>
</table>

购买方信息	名称：武汉光谷机械有限责任公司 统一社会信用代码/纳税人识别号： 42004444466661236	销售方信息	名称：幸福广场管理公司 统一社会信用代码/纳税人识别号： 42004444456221230

项目名称	规格型号	单位	数量	单价	金额	税率/征收率	税额
办公用品					4442.72	3%	133.28
合计					￥4442.72		￥133.28

价税合计（大写）	⊗肆仟伍佰柒拾陆元整（小写）￥4576.00
备注	

开票人：胡某某

凭证26

托收凭证（付款通知）

委托日期　2024年12月10日

<table>
<tr><td>业务类型</td><td colspan="2">委托收款（邮汇、电汇）</td><td colspan="2">托收承付（邮汇、电汇）</td><td rowspan="6">付款人开户银行给付款人的付款通知</td></tr>
<tr><td rowspan="3">付款人</td><td>全称</td><td>武汉光谷机械有限责任公司</td><td rowspan="3">收款人</td><td>全称</td><td>西湖公司</td></tr>
<tr><td>账号</td><td>128333333388888</td><td>账号</td><td>754642000000400</td></tr>
<tr><td>地址</td><td>武汉市武汉大道128号</td><td>地址</td><td>武汉解放大道</td></tr>
</table>

金额	人民币（大写）柒万零陆拾元整	亿	千	百	十	万	千	百	十	元	角	分
						￥7	0	0	6	0	0	0

款项内容		托收凭据名称	附寄单证张数	
商品发运情况			合同名称号码	
备注 复核　记账			付款人注意： 收款开户银行签章　2024年12月10日	

凭证27-1（要求自制）

武汉光谷公司领料单

2024年12月10日　　　　　　　　编号：01

领料部门		一车间		仓库	材料仓库		
材料编号	材料名称	用途	单位	数量		计划成本	
				请领	实发	单价	金额
A		生产甲	件				
B		生产乙	件				
E			个				
合计							

记账：李冰　　　　　　　发料：　　　　　　　领料：

凭证27-2（要求自制）

武汉光谷公司领料单

2024年12月10日　　　　　　　　编号：02

领料部门		二车间		仓库	材料仓库		
材料编号	材料名称	用途	单位	数量		计划成本	
				请领	实发	单价	金额
C		生产丙	件				
C		生产丁	件				
D		生产丙	件				
E			个				
合计							

记账：李冰　　　　　　　发料：　　　　　　　领料：

凭证28-1（要求自制）

武汉光谷公司领料单

2024年12月10日　　　　　编号：03

领料部门		车间	仓库	材料仓库		
材料编号	材料名称	用途	单位	数量		计划成本	
				请领	实发	单价	金额
劳保用品			套				
工具			个				
合计							

记账：李冰　　　　　　发料：　　　　　　　　　领料：

凭证28-2（要求自制）

武汉光谷公司领料单

2024年12月10日　　　　　编号：04

领料部门		二车间	仓库	材料仓库		
材料编号	材料名称	用途	单位	数量		计划成本	
				请领	实发	单价	金额
包装箱		包装丙	个				
包装箱		包装丁	个				
劳保用品			套				
工具			个				
合计							

记账：李冰　　　　　　发料：　　　　　　　　　领料：

凭证29-1

中国工商银行

转账支票存根

30804230

90252041

附加信息

_____

_____

_____

出票日期：2024年12月10日

收款人：武汉联想
金额：18080.00
用途：购置电脑

单位主管　孙玲　会计　李冰

凭证29-2

动态二维码		电子发票（增值税专用发票）　开票号码：（20位） 开票日期：2024 年 12 月 10 日

购买方信息	名称：武汉光谷机械有限责任公司 统一社会信用代码/纳税人识别号： 420044444466661236	销售方信息	名称：武汉联想 统一社会信用代码/纳税人识别号： 421231232525251230

项目名称	规格型号	单位	数量	单价	金额	税率/征收率	税额
电脑		台	2	8000	16000.00	13%	2080.00
合计					￥16000.00		￥2080.00
价税合计（大写）	ⓧ壹万捌仟零捌拾元整（小写）￥18080.00						
备注							

开票人：黄某某

凭证29-3

固定资产移交验收单

保管使用部门：管理部门   2024年12月10日

固定资产编号	固定资产名称	规格型号	计量单位	数量	原值	预计使用年限	制造厂商或施工方式
	电脑		台	2	16000.00	5年	联想集团
固定资产管理部门意见			财会部门验收意见			使用保管验收签章	

固定资产管理部门负责人：   项目负责人：   制单：张涵

凭证30-1

现金折扣协议书

    为了资金周转的需要，甲乙双方经友好协商，达成以下协议：甲方同意，乙方10天内付款，货款折扣3%，20天内付款，货款折扣2%，30天内全额付款。价税合计45200元。
    甲方：长江公司
    乙方：武汉光谷机械有限责任公司

                     2024年11月20日

凭证30-2

中国工商银行
转账支票存根
30804230
90252042

附加信息

_____

_____

_____

出票日期：2024年12月10日

收款人：长江公司
金额：44400.00
用途：支付货款

单位主管 孙玲 会计 李冰

凭证31-1（关税完税价格USD40 000，汇率6.5，外国公司：北湖公司）

海关关税专用缴款书

收入系统：海关　　　　填发日期2024年12月10日　　　　号码NO:513056565656561234

收款单位	收入机关	中央金库			缴款单位	名称	武汉光谷机械有限责任公司		
	科目	进口增值税	预算级次	中央		账号	128333333388888		
	收缴国库	工商银行				开户银行	工行		
税号	货物名称		数量	单位	完税价格（￥）		税率（%）	税款金额（￥）	
	机器设备				260000.00		20	52000.00	
金额人民币（大写）伍万贰仟元整							合计（￥）	52000.00	
申请单位编号			报关单编号			填制单位		收款国库（银行）	
合同（批文）号			运输工具号			制单人			
缴款期限			提l装货单号			复核人			
备注：蓝天公司代理进口									

从填发缴款书之日起限15日内缴纳（法定节假日顺延），逾期按日征收税款总额万分之五的滞纳金。

凭证31-2

海关增值税专用缴款书

收入系统：税务系统　　　　填发日期2024年12月10日　　　　号码NO:513056565656561234

收款单位	收入机关	中央金库			缴款单位	名称	武汉光谷机械有限责任公司		
	科目	进口增值税	预算级次	账号		账号	128333333388888		
	收缴国库	工商银行				开户银行	工行		
税号	货物名称		数量	单位	完税价格（￥）		税率（%）	税款金额（￥）	
	机器设备				312000.00		13	40560.00	
金额人民币（大写）肆万零伍佰陆拾元整							合计（￥）	40560.00	
申请单位编号			报关单编号			填制单位		收款国库（银行）	
合同（批文）号			运输工具号			制单人			
缴款期限			提l装货单号			复核人			
备注：蓝天公司代理进口									

从填发缴款书之日起限15日内缴纳（法定节假日顺延），逾期按日征收税款总额万分之五的滞纳金。

凭证31-3

回单编号：	回单类型：支付结算		业务名称：自动入账	
凭证种类：	凭证号码：		借贷标志：借	回单格式码：
付款人账号：128333333388888				
付款人名称：武汉光谷机械有限责任公司				
开户行名称：				
收款人账号：				
收款人名称：				
开户行名称：				
币种：人民币	金额：92560.00		大写金额：玖万贰仟伍佰陆拾元整	
打印次数：1次	记账日期：2024年12月10日		会计流水号：	

凭证31-4

<h3 style="text-align:center">中华人民共和国海关进口货物报关单</h3>

预录入编号：　　　　　　　　　　　　　　海关编号：0727738

进口口岸	备案号		进口日期 2024年12月	申报日期 2024年12月
经营单位	运输方式 江海	运输工具名称		提运单号
收货单位 武汉光谷机械有限责任公司	贸易方式 一般贸易		征免性质 一般征税	征税比例
许可证号	起运国（地区）		装货港	境内目的地 武汉
批准文号	成交方式 CIF价格	运费	保费	杂费
合同协议书	件数	包装种类	毛重（千克）	净重（千克）
集装箱号	随附单据　5份			用途：企业自用
标记唛码及备注				

项号	商品编号	商品名称	规格型号	数量及单位	原产国（地区）	单价	总价	币制	征免
01		机器设备					40000.00	美元	照章

税费征收情况 关税增值税已征。				
录入员　　　录入单位	兹声明以上申报无误并承担 法律责任。		海关审单 批注及放行日期（签章） 审单　　刘敏　　　审价	
报关员 单位地址 邮编　　　　电话	申报单位（签章） 武汉光谷公司 填制日期2024年12月10日		征税　　已征　　　统计	
			查验　　　　　放行	

凭证31-5

固定资产移交生产验收单

保管使用部门   2024年12月10日

固定资产编号	固定资产名称	规格型号	计量单位	数量	原值	预计使用年限	制造厂商或施工方式
02	机器设备				31.72万元	10年	进口
固定资产管理部门意见			财会部门验收意见		使用保管验收签章		

固定资产管理部门负责人：   项目负责人：   制单：张涵

凭证32

武汉光谷公司费用报销单

填报人	王平	部门	管理部门	日期	2024年12月10日
费用说明			填报说明		
市内交通费			市内办事		
			现金付讫		
金额		×佰×拾×万×仟捌佰叁拾贰元零角零分 ￥832.00			
原支款		应付（退）款		财务审核人	李冰
批准人		部门负责人		财务负责人	钱景

附单据　20　张

凭证33

武汉光谷公司费用报销单

填报人	王平	部门	管理部门	日期	2024年12月10日
费用说明	填报说明				
停车费	市内办事				
金额	×佰×拾×万壹仟玖佰捌拾零元零角零分￥1980.00				
原支款		应付（退）款		财务审核人	李冰
批准人		部门负责人		财务负责人	钱景

附单据　12　张

凭证34-1

中国工商银行
转账支票存根
30804230
90252043

附加信息

_____

_____

_____

出票日期：2024年12月10日

收款人：保险公司
金额：17460.00
用途：保险费、车船税

单位主管　孙玲　　会计　李冰

凭证34-2

动态二维码	代收车船税	电子发票（增值税专用发票）开票号码：（20位）

开票日期：2024 年 12 月 10 日

购买方信息	名称：武汉光谷机械有限责任公司 统一社会信用代码/纳税人识别号： 420044444466661236	销售方信息	名称：平安保险公司 统一社会信用代码/纳税人识别号： 454500000057221238

项目名称	规格型号	单位	数量	单价	金额	税率/征收率	税额
车辆保险					9000.00	6%	540.00
合 计					￥9000.00		￥540.00

价税合计（大写）	⊗ 玖仟伍佰肆拾元整	（小写）￥9540.00

备注	保险单号： 车牌号船舶登记号： 税款所属期：2024 年 车架号： 代收车船税金额：￥1560.00 滞纳金金额： 金额合计：￥1560.00

开票人：刘某某

凭证34-3

动态二维码		电子发票（增值税专用发票）开票号码：（20位）

开票日期：2024 年 12 月 10 日

购买方信息	名称：武汉光谷机械有限责任公司 统一社会信用代码/纳税人识别号： 420044444466661236	销售方信息	名称：平安保险公司 统一社会信用代码/纳税人识别号： 454500000057221238

项目名称	规格型号	单位	数量	单价	金额	税率/征收率	税额
财产保险					6000.00	6%	360.00
合 计					￥6000.00		￥360.00

价税合计（大写）	⊗陆仟叁佰陆拾元整	（小写）￥6360.00

备注	

开票人：刘某某

凭证35

武汉光谷公司公司费用报销单

填报人	王平	部门	管理部门	日期	2024年12月10日
费用说明	填报说明				
复印费	会议文件				
	现金付讫				
金额	×佰×拾×万×仟壹佰伍拾零元零角零分￥150.00				
原支款		应付（退）款		财务审核人	李冰
批准人		部门负责人		财务负责人	钱景

附单据　1　张

凭证36-1

中国工商银行

转账支票存根

30804230

90252044

附加信息

_____

_____

_____

出票日期：2024年12月10日

收款人：汉江税务所
金额：4000.00
用途：鉴证费

单位主管 孙玲　会计 李冰

凭证36-2

动态 二维码	电子发票（普通发票）	开票号码：（20位） 开票日期：2024 年 12 月 10 日

购 买 方 信 息	名称：武汉光谷机械有限责任公司 统一社会信用代码/纳税人识别号： 420044444466661236	销 售 方 信 息	名称：汉江税务师事务所 统一社会信用代码/纳税人识别号： 421500036363601230

项目名称	规格型号	单位	数量	单价	金额	税率/征收率	税额
鉴证服务					3883.50	3%	116.50

合计			￥3883.50	￥116.50

价税合计（大写）	Ⓧ肆仟元整	（小写）4000.00

备 注	

开票人：胡某某

凭证37

动态 二维码	电子发票（普通发票）	开票号码：（20位） 开票日期：2024 年 12 月 10 日

购 买 方 信 息	名称：武汉光谷机械有限责任公司 统一社会信用代码/纳税人识别号： 420044444466661236	销 售 方 信 息	名称：顺丰快递公司 统一社会信用代码/纳税人识别号： 454500000057421233

项目名称	规格型号	单位	数量	单价	金额	税率/征收率	税额
快递					300.00	3%	9.00

合计			￥300.00	￥9.00

价税合计（大写）	Ⓧ叁佰零玖元整	（小写）309.00

备 注	现金付讫

开票人：胡某某

凭证38-1

中国工商银行进账单

2024年12月10日　　　　　第　　号

<table>
<tr><td rowspan="3">出票人</td><td>全称</td><td>东湖机械有限责任公司</td><td rowspan="3">持票人</td><td>全称</td><td colspan="10">武汉光谷机械有限责任公司</td><td rowspan="9">开户行给持票人的收账通知</td></tr>
<tr><td>账号</td><td>128333333386785</td><td>账号</td><td colspan="10">128833333388888</td></tr>
<tr><td>开户银行</td><td>工商银行南湖支行</td><td>开户银行</td><td colspan="10">工商银行东湖支行</td></tr>
<tr><td colspan="3">人民币（大写）贰拾捌万元整</td><td>千</td><td>百</td><td>十</td><td>万</td><td>千</td><td>百</td><td>十</td><td>元</td><td>角</td><td>分</td></tr>
<tr><td colspan="3">票据种类</td><td colspan="2">¥2</td><td>8</td><td>0</td><td>0</td><td>0</td><td>0</td><td>0</td><td>0</td><td>0</td></tr>
<tr><td colspan="3">票据张数</td><td colspan="10"></td></tr>
<tr><td colspan="3">单位主管　会计　复核　记账</td><td colspan="10"></td></tr>
<tr><td colspan="3"></td><td colspan="10">收款单位开户行盖章</td></tr>
</table>

凭证38-2

股东投资协议书

　　甲方：武汉光谷机械有限责任公司
　　乙方：湖北黄鹤有限责任公司
　　经上述股东各方充分协商，就投资设立东湖机械有限责任公司（下称公司）事宜，达成如下协议。
　　一、拟设立的公司名称、经营范围、注册资本、法定地址、法定代表人
　　1. 公司名称：东湖机械有限责任公司
　　2. 经营范围：机械加工
　　3. 注册资本：500万元
　　4. 法定地址：湖北武汉
　　5. 法定代表人：李刚
　　二、出资方式及占股比例
　　甲方以货币作为出资，出资额400万元人民币，占公司注册资本的80%；
　　乙方以货币作为出资，出资额100万元人民币，占公司注册资本的20%。
　　三、其他约定
　　1. 成立公司筹备组，成员由各股东方派员组成，出任法人代表一方的股东代表为组长，组织起草申办设立公司的各类文件；
　　2. 出任法人代表的股东方先行垫付筹办费用，公司设立后该费用由公司承担；
　　3. 上述各股东方委托出任法人代表方代理申办公司的各项注册事宜；
　　4. 本协议自各股东方签字盖章之日起生效，一式两份，各方股东各执一份，以便共同遵守。
　　甲方（盖章）：武汉光谷有限责任公司　乙方（盖章）：湖北黄鹤有限责任公司
　　代表人（签字）：郝运　　　　　　代表人（签字）：周强
　　2022年12月20日　　　　　2022年12月20日

凭证38-3

东湖公司2023年实现盈利50万元，详细见东湖公司利润表	母公司成本法核算不作账务处理
东湖公司2024年分配上年股利35万元	母公司分得现金股利28万元。确认投资收益28万元

凭证39-1

股东投资协议书

甲方：武汉光谷有限责任公司

乙方：湖北晴川有限责任公司

经上述股东各方充分协商，就投资设立南湖机械有限责任公司（下称公司）事宜，达成如下协议。

一、拟设立的公司名称、经营范围、注册资本、法定地址、法定代表人

1. 公司名称：南湖机械有限责任公司

2. 经营范围：机械加工

3. 注册资本：375万元

4. 法定地址：湖北武汉

5. 法定代表人：朴再相

二、出资方式及占股比例

甲方以货币作为出资，出资额150万元人民币，占公司注册资本的40%；

乙方以货币作为出资，出资额225万元人民币，占公司注册资本的60%。

三、其他约定

1. 成立公司筹备组，成员由各股东方派员组成，出任法人代表一方的股东代表为组长，组织起草申办设立公司的各类文件；

2. 出任法人代表的股东方先行垫付筹办费用，公司设立后该费用由公司承担；

3. 上述各股东方委托出任法人代表方代理申办公司的各项注册事宜；

4. 本协议自各股东方签字盖章之日起生效。一式两份，各方股东各执一份，以便共同遵守。

甲方（盖章）：武汉光谷有限责任公司　　乙方（盖章）：湖北晴川有限责任公司

代表人（签字）：郝运　　　　代表人（签字）：王海

2022年12月25日　　　　2022年12月25日

凭证39-2

南湖公司2023年盈利40万元，详细见南湖公司利润表	光谷公司采用权益法核算，确认投资收益16万元
南湖公司2024年分配上年股利25万元	光谷公司分得现金股利10万元，冲减长期股权投资

凭证39-3

中国工商银行进账单

2024年12月10日　　第　　　号

<table>
<tr><td rowspan="3">出票人</td><td>全称</td><td>南湖机械有限责任公司</td><td rowspan="3">持票人</td><td>全称</td><td colspan="9">武汉光谷有限责任公司</td><td rowspan="6">开开户行给持票人的收账通知</td></tr>
<tr><td>账号</td><td>128355533388884</td><td>账号</td><td colspan="9">128333333388888</td></tr>
<tr><td>开户银行</td><td>工商银行南湖支行</td><td>开户银行</td><td colspan="9">工商银行东湖支行</td></tr>
<tr><td colspan="3">人民币（大写）壹拾万元整</td><td>千</td><td>百</td><td>十</td><td>万</td><td>千</td><td>百</td><td>十</td><td>元</td><td>角</td><td>分</td></tr>
<tr><td colspan="3">票据种类</td><td>￥</td><td>1</td><td>0</td><td>0</td><td>0</td><td>0</td><td>0</td><td>0</td><td>0</td><td>0</td></tr>
<tr><td colspan="3">票据张数</td><td colspan="10">收款单位开户行　盖章</td></tr>
<tr><td colspan="3">单位主管　会计　复核　　记账</td><td colspan="10"></td></tr>
</table>

凭证40-1（指定为其他权益工具投资）

上海证券中心登记结算公司

<table>
<tr><td>买卖类别：买入</td><td>成交日期：2024年12月10日</td></tr>
<tr><td>股东代码：</td><td>股东姓名：武汉光谷</td></tr>
<tr><td>资金账号：</td><td>合同号码：</td></tr>
<tr><td>证券名称：A公司</td><td>委托时间：</td></tr>
<tr><td>成交号码：</td><td>成交金额：800000.00</td></tr>
<tr><td>成交股数：100000</td><td>手续费：1000.00</td></tr>
<tr><td>成交价格：8.00</td><td></td></tr>
<tr><td>收付金额：801000.00</td><td></td></tr>
</table>

经办单位：　　　　　　　　　　　　　　　客户印章：

凭证40-2

回单编号：	回单类型：支付结算		业务名称：自动入账	
凭证种类：	凭证号码：		借贷标志：借	回单格式码：
付款人账号：128333333388888				
付款人名称：武汉光谷机械有限责任公司				
开户行名称：				
收款人账号：				
收款人名称：				
开户行名称：				
币种：人民币	金额：801000.00		大写金额：捌拾万零壹仟元整	
打印次数：1次	记账日期：2024年12月10日		会计流水号：	

凭证41-1

电子发票（普通发票）　开票号码：（20位）

开票日期：2024 年 12 月 11 日

	购买方信息	名称：武汉光谷机械有限责任公司 统一社会信用代码/纳税人识别号： 420044444466661236	销售方信息	名称：江天物业 统一社会信用代码/纳税人识别号： 454500000057171231

项目名称	规格型号	单位	数量	单价	金额	税率/征收率	税额
物业管理					600.00	3%	18.00
合计					￥600.00		￥18.00

价税合计（大写）	⊗陆佰壹拾捌元整	（小写）618.00
备注		

开票人：胡某某

凭证41-2

| 中国工商银行
现金支票存根
支票号码945463
附加信息
――――――
――――――
――――――

出票日期2024年12月11日

收款人：江天物业
金额：618.00
用途：物业费

单位主管孙玲 会计李冰 | 本支票付款期限十天 | 中国工商银行现金支票

支票号码945463
出票日期（大写）贰零贰肆年壹拾贰月零壹拾日　付款行名称
收款人：江天物业　　　　出票人账号 |

人民币 （大写）陆佰 壹拾捌元整	亿	千	百	十	万	千	百	十	元	角	分
						￥	6	1	8	0	0

用途————

上列款项请从我账户内支付

出票人签章　　　　　　　　　　　　复核　　　记账

凭证42-1

动态 二维码		电子发票（普通发票）开票号码：（20位） 开票日期：2024 年 12 月 11 日	
购买方信息	名称：武汉光谷机械有限责任公司 统一社会信用代码/纳税人识别号： 420044444466661236	销售方信息	名称：武汉移动 统一社会信用代码/纳税人识别号： 454500000057341235

项目名称	规格型号	单位	数量	单价	金额	税率/征收率	税额
通信					5040.42	6%	302.42
合计					￥5040.42		￥302.42

价税合计（大写）	Ⓧ伍仟叁佰肆拾贰元捌角肆分（小写）　5342.84
备注	

开票人：杨某某

凭证42-2

中国工商银行 转账支票存根 支票号码945464 附加信息 _____ _____ _____ 出票日期2024年12月11日	本支票付款期限十天
收款人：武汉移动	
金额：5342.84	
用途：通信费	
单位主管孙玲 会计 李冰	

中国工商银行现金支票

支票号码945464

出票日期（大写）贰零贰肆年壹拾贰月壹拾壹日　付款行名称

收款人：武汉移动　　　　　　　　出票人账号

人民币（大写） 伍仟叁佰肆拾 贰元捌角肆分	亿	千	百	十	万	千	百	十	元	角	分
					¥	5	3	4	2	8	4

用途————

上列款项请从
我账户内支付
给出票人签章　　　　　　　　　　复核　　记账

凭证43

无形资产摊销表

土地原值	摊销时间	以前累计摊销	月摊销金额	期末净值
480万元	50年	376000元	8000.00元	4416000.00元

凭证44-1

固定资产清理审批单

2024年12月11日

主管部门	生产部门		使用单位	二车间			
名称及型号	单位	数量	原值	已提折旧	预计净残值率	预计使用年限	实际使用年限
机械设备			20万元	7.68万元	4%	10年	4年
制造单位				出厂日期			
申请处置原因				批准 签字　钱景　　　盖章			

凭证44-2

动态二维码	电子发票（增值税专用发票） 开票号码：20 位

开票日期：2024 年 12 月 11 日

购买方信息	名称：湖北强盛公司 统一社会信用代码/纳税人识别号： 421313875632101237	销售方信息	名称：武汉光谷机械有限责任公司 统一社会信用代码/纳税人识别号： 420044444466661236

项目名称	规格型号	单位	数量	单价	金额	税率/征收率	税额
旧设备					103000.00	13%	13390.00
合计					￥103000.00		￥13390.00

价税合计（大写）	⊗壹拾壹万陆仟叁佰玖拾元整（小写）￥116390.00
备注	

开票人：李某某

凭证44-3

中国工商银行进账单

2024年12月11日　　第　　　　号

出票人	全称	湖北强盛公司	持票人	全称	武汉光谷机械有限责任公司	开户行给持票人的收账通知
	账号	123484849464231		账号	128333333388888	
	开户银行	工商银行		开户银行	工商银行东湖支行	

人民币（大写）壹拾壹万陆仟叁佰玖拾元整	千	百	十	万	千	百	十	元	角	分
票据种类			￥	1	1	6	3	9	0	0	0
票据张数										
单位主管　会计　复核　记账	收款单位开户行盖章									

凭证44-4（要求自制）

固定资产处置损益计算表

原值	折旧	净值	赔偿	清理费用	残值收入

净损益	人民币大写：　　　　　　　　　　　　小写：

凭证45-1

动态 二维码		电子发票（普通发票） 发票 湖北省 国家税务局监制	开票号码：**20**位 开票日期：2024 年 12 月 11 日	
购 买 方 信 息	名称：武汉光谷机械有限责任公司 统一社会信用代码/纳税人识别号： 420044444466661236		销 售 方 信 息	名称：百姓装修公司 统一社会信用代码/纳税人识别号： 421678787878881235

项目名称	规格型号	单位	数量	单价	金额	税率/征收率	税额
修缮费					2811.26	3%	84.34
合计					￥2811.26		￥84.34

价税合计（大写）	Ⓧ贰仟捌佰玖拾伍元陆角整　　（小写）2895.60
备注	

开票人：陈某某

凭证45-2

中国工商银行

转账支票存根

30804230

90252045

附加信息

_____

_____

_____

出票日期：2024年12月11日

| 收款人：百姓装修公司 |
| 金额：2895.60 |
| 用途：办公楼修缮费 |

单位主管　孙玲　　会计　李冰

凭证46-1

中国工商银行

现金支票存根

支票号码945465

附加信息

_____

_____

_____

出票日期2024年12月12日

| 收款人：田田广告 |
| 金额：8240.00 |
| 用途：业务宣传费 |

单位主管孙玲会计李冰

本支票付款期限十天

中国工商银行现金支票

支票号码945465

出票日期（大写）贰零贰肆年壹拾贰月壹拾贰日　付款行名称

收款人：田田广告　　　　出票人账号

人民币（大写）	亿	千	百	十	万	千	百	十	元	角	分
捌仟贰佰肆拾元整					¥	8	2	4	0	0	0

用途：业务宣传费

上列款项请从我账户内支付

出票人签章　　　　　　　　　　复核　　记账

凭证46-2

动态二维码	电子发票（普通发票） 开票号码：20位	

开票日期：2024 年 12 月 12 日

购买方信息	名称：武汉光谷机械有限责任公司 统一社会信用代码/纳税人识别号： 420044444466661236	销售方信息	名称：田田广告公司 统一社会信用代码/纳税人识别号： 421678787872231236

项目名称	规格型号	单位	数量	单价	金额	税率/征收率	税额
业务宣传费					8000.00	3%	240.00
合计					￥8000.00		￥240.00

价税合计（大写）	⊗捌仟贰佰肆拾元整	（小写）8240.00
备注		

开票人：潘某某

凭证47-1

中国工商银行 现金支票存根 支票号码945466 附加信息 ———————— ———————— ———————— 出票日期2024年12月12日 收款人：王平 金额：5091.00 用途：招待费 单位主管孙玲 会计李冰	本支票付款期限十天	中国工商银行现金支票

中国工商银行现金支票

支票号码945466

出票日期（大写）贰零贰肆年壹拾贰月壹拾贰日　付款行名称

收款人：王平　　　　　出票人账号

人民币（大写） 伍仟零玖拾壹 元整	亿	千	百	十	万	千	百	十	元	角	分
					￥	5	0	9	1	0	0

用途：业务招待费

上列款项请从我账户内支付

出票人签章　　　　　　　复核　　记账

凭证47-2

武汉光谷公司费用报销单

填报人	王平	部 别	管理部门	日期	2024年12月12日
费用类型		填 报 说 明			
业务招待费		本月累计业务招待费开支			
金 额		仟　佰×拾×万伍仟零佰玖拾壹元零角零分¥5091.00			
原支款		应付（退）款		财务审核人	李冰
批准人		部门负责人		财务负责人	钱景

附单据 2 张

凭证48-1

		中国工商银行现金支票
中国工商银行 现金支票存根 支票号码945467 附加信息 ———————— ———————— ———————— 出票日期2024年12月12日	本支票付款期限十天	支票号码945467 出票日期（大写）贰零贰肆年壹拾贰月壹拾贰日　付款行名称 收款人：张凡　　出票人账号

人民币（大写） 陆仟肆佰零捌 元整	亿	千	百	十	万	千	百	十	元	角	分
					￥	6	4	0	8	0	0

收款人：张凡

金额：6408.00

用途：差旅费、招待费

单位主管孙玲 会计李冰

用途：业务招待费

上列款项请从我账户内支付

出票人签章　　　　　　　　　　复核　　记账

凭证48-2

武汉光谷公司费用报销单

填报人	张凡	部 别	销售部门	日期	2024年12月12日
费用类型	填 报 说 明				
差旅费	开展业务2000元				
业务招待费	本月累计业务招待费开支4408元				
金 额	仟 佰 拾×万 陆仟肆佰零拾捌元零角零分¥6408.00				
原支款		应付（退）款		财务审核人	李冰
批准人		部门负责人		财务负责人	钱景

附单据 2 张

凭证49-1

中国工商银行
转账支票存根
30804230
90252046

附加信息

_____

_____

_____

出票日期：2024年12月 13 日

收款人：诚信广告公司
金额：2120.00
用途：广告费

单位主管孙玲 会计 李冰

凭证49-2

电子发票（增值税专用发票）　开票号码：20位

开票日期：2024 年 12 月 13 日

购买方信息	名称：武汉光谷机械有限责任公司 统一社会信用代码/纳税人识别号： 420044444466661236	销售方信息	名称：诚信广告 统一社会信用代码/纳税人识别号： 425555666121211232

项目名称	规格型号	单位	数量	单价	金额	税率/征收率	税额
广告服务					2000.00	6%	120.00
合计					￥2000.00		￥120.00

价税合计（大写）	ⓧ贰仟壹佰贰拾元整　　　　（小写）￥2120.00
备注	

开票人：李某某

凭证50-1

电子发票（普通发票）　开票号码：20位

开票日期：2024 年 12 月 12 日

购买方信息	名称：武汉光谷机械有限责任公司 统一社会信用代码/纳税人识别号： 420044444466661236	销售方信息	名称：宏达修配公司 统一社会信用代码/纳税人识别号： 421678787873071230

项目名称	规格型号	单位	数量	单价	金额	税率/征收率	税额
车辆修理费					3500.00	3%	105.00
合计					￥3500.00		￥105.00

价税合计（大写）	ⓧ叁仟陆佰零伍元整　　　　（小写）3605.00
备注	

开票人：胡某某

凭证50-2

中国工商银行
转账支票存根
30804230
90252047

附加信息

_____

_____

_____

出票日期：2024年12 月13 日

| 收款人：宏达修配 |
| 金额：3605.00 |
| 用途：车辆修理费 |

单位主管孙玲 会计 李冰

凭证51-1

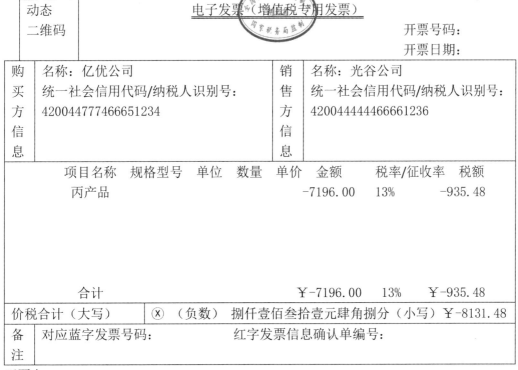

动态二维码		电子发票（增值税专用发票）			开票号码： 开票日期：

购买方信息	名称：亿优公司 统一社会信用代码/纳税人识别号： 420044777466651234	销售方信息	名称：光谷公司 统一社会信用代码/纳税人识别号： 420044444466661236

项目名称	规格型号	单位	数量	单价	金额	税率/征收率	税额
丙产品					-7196.00	13%	-935.48
合计					¥-7196.00	13%	¥-935.48

价税合计（大写）	Ⓧ （负数）捌仟壹佰叁拾壹元肆角捌分（小写）¥-8131.48
备注	对应蓝字发票号码：　　　　　红字发票信息确认单编号：

开票人：

凭证51-2

中国工商银行
转账支票存根
30804230
90252048

附加信息

_____

_____

_____

出票日期：2024年12月13日

| 收款人：亿优公司 |
| 金额：8131.48 |
| 用途：销售折让5% |

单位主管 孙玲 会计 李冰

凭证51-3

红字发票信息确认单

填开日期：2024年12月13日

销售方	纳税人名称（销方）	光谷公司	购买方	纳税人名称（购方）	亿优公司		
	统一社会信用代码/纳税人识别号			统一社会信用代码/纳税人识别号			
开具红字发票确认信息内容	项目名称	数量	单价	金额		税率	税额
	合计	—	—	￥-7196.00		—	￥-935.48

一、录入方身份：
1.销售方 ☑　2.购买方 □
二、冲红原因：
1.发票有误 □　2.销售退回 □　3.服务终止 □　4.销售折让 ☑
三、对应蓝字发票抵扣增值税销项税额情况：
1.已抵扣 ☑　2.未抵扣 □
对应蓝字发票代码：　　号码：

红字发票信息确认单编号	

凭证52-1（要求自制）

城镇土地使用税税源明细

*土地编号			土地名称		不动产权证号		
不动产单元号			宗地号		*土地性质	国有□ 集体□ （必选）	
*土地取得时间	年 月	变更类型	纳税义务终止（权属转移□ 其他□） 信息项变更（土地面积变更□ 土地等级变更□ 减免税变更□ 其他□）		变更时间	年 月	
*占用土地面积		地价		*土地等级		*税额标准	

减免税部分	序号	减免性质代码和项目名称	减免起止时间		减免税土地面积	月减免税金额
			减免起始月份	减免终止月份		
	1		年 月	年 月		
	2					
	3					

凭证52-2（要求自制）

房产税税源明细

<table>
<tr><td colspan="6" align="center">（一）从价计征房产税明细</td></tr>
<tr><td colspan="2">不动产权证号</td><td></td><td colspan="2">不动产单元号</td><td></td></tr>
<tr><td colspan="2">*建筑面积</td><td></td><td colspan="2">其中：出租房产面积</td><td></td></tr>
<tr><td colspan="2">*房产原值</td><td></td><td colspan="2">其中：出租房产原值</td><td>计税比例</td></tr>
<tr><td rowspan="5">减免税部分</td><td rowspan="2">序号</td><td rowspan="2">减免性质代码和项目名称</td><td colspan="2">减免起止时间</td><td rowspan="2">减免税房产原值</td><td rowspan="2">月减免税金额</td></tr>
<tr><td>减免起始月份</td><td>减免终止月份</td></tr>
<tr><td>1</td><td></td><td>年 月</td><td>年 月</td><td></td><td></td></tr>
<tr><td>2</td><td></td><td></td><td></td><td></td><td></td></tr>
<tr><td>3</td><td></td><td></td><td></td><td></td><td></td></tr>
<tr><td colspan="7" align="center">（二）从租计征房产税明细</td></tr>
<tr><td colspan="3">承租方纳税人识别号（统一社会信用代码）</td><td></td><td colspan="2">承租方名称</td><td></td></tr>
<tr><td colspan="3">*出租面积</td><td></td><td colspan="2">*申报租金收入</td><td></td></tr>
<tr><td colspan="3">*申报租金所属租赁期起</td><td></td><td colspan="2">*申报租金所属租赁期止</td><td></td></tr>
<tr><td rowspan="5">减免税部分</td><td rowspan="2">序号</td><td rowspan="2" colspan="2">减免性质代码和项目名称</td><td colspan="2">减免起止时间</td><td rowspan="2">减免税租金收入</td><td rowspan="2">月减免税金额</td></tr>
<tr><td>减免起始月份</td><td>减免终止月份</td></tr>
<tr><td>1</td><td colspan="2"></td><td>年 月</td><td>年 月</td><td></td><td></td></tr>
<tr><td>2</td><td colspan="2"></td><td></td><td></td><td></td><td></td></tr>
<tr><td>3</td><td colspan="2"></td><td></td><td></td><td></td><td></td></tr>
</table>

凭证52-3　（要求自制）

财产和行为税纳税申报表

纳税人识别号（统一社会信用代码）：□□□□□□□□□□□□□□□□□□

纳税人名称：　　　　　　　　　　　　　金额单位：人民币元（列至角分）

序号	税种	税目	税款所属期起	税款所属期止	计税依据	税率	应纳税额	减免税额	已缴税额	应补（退）税额
1	城镇土地使用税									
2	房产税									
3	车船税									
4	印花税									
5	合计	—	—	—	—	—				

声明：此表是根据国家税收法律法规及相关规定填写的，本人（单位）对填报内容（及附带资料）的真实性、可靠性、完整性负责。

纳税人（签章）：　　　　年　月　日

经办人：

经办人身份证号：

代理机构签章：

代理机构统一社会信用代码：

受理人：

受理税务机关（章）：

受理日期：　　年　月　日

凭证52-4
财产和行为税减免税明细申报附表

纳税人识别号（统一社会信用代码）：□□□□□□□□□□□□□□□□□□

纳税人名称：　　　　　　　　　　　　　　　金额单位：人民币元（列至角分）

本期是否适用增值税小规模纳税人减征政策□是 □否	本期适用增值税小规模纳税人减征政策起始时间	年　月
	本期适用增值税小规模纳税人减征政策终止时间	年　月

合计减免税额	

城镇土地使用税					
序号	土地编号	税款所属期起	税款所属期止	减免性质代码和项目名称	减免税额

房产税					
序号	房产编号	税款所属期起	税款所属期止	减免性质代码和项目名称	减免税额

车船税					
序号	车辆识别代码/船舶识别码	税款所属期起	税款所属期止	减免性质代码和项目名称	减免税额

印花税					
	税目	税款所属期起	税款所属期止	减免性质代码和项目名称	减免税额

凭证53-1

转账日期：2024年12月13日	
纳税人全称及识别号：　　武汉光谷机械有限责任公司42004444466661236	
付款人全称：武汉光谷机械有限责任公司	
付款人账号：128333333388888	征收机关名称：东湖税务
付款人开户银行：工商银行东湖支行	收款国库（银行）名称
小写（合计）金额：81780.00	缴款书交易流水号
大写（合计）金额：捌万壹仟柒佰捌拾元整	税票号码：
税（费）种名称	所属时期	实缴金额
城镇土地使用税　房产税	20240901—20241231	81780.00

凭证53-2

中华人民共和国

税收　完税　证明

填发日期：2024年12月10日　　　　税务机关：国家税务总局武汉市税务局

纳税人识别号	42004444466661236		纳税人名称		武汉光谷机械有限责任公司		收据联交纳税人作完税凭证
原凭证号	税种	品目名称	税款所属时期	入（退）库日期	实缴（退）金额		
	城镇土地使用税		20240901—20241231		2400.00		
金额合计	（大写）贰仟肆佰元整				￥2400.00		
税务机关（盖章）		填表人	备注：一般申报　征税 国家税务总局武汉市税务局				
妥善保管							

凭证53-3

中华人民共和国
税收　完税　证明

填发日期：2024年12月10日　　　　　税务机关：国家税务总局武汉市税务局

纳税人识别号	420044444466661236		纳税人名称		武汉光谷机械有限责任公司	
原凭证号	税种	品目名称	税款所属时期	入（退）库日期	实缴（退）金额	
	房产税		202410901 —20241231		79380.00	
金额合计	（大写）柒万玖仟叁佰捌拾元整				￥79380.00	
税务机关 （盖章）		填表人	备注：一般申报　征税 国家税务总局武汉市税务局			
妥善保管						

凭证54-1（要求自制）

2024年11月增值税及附加税费纳税申报表（适用一般纳税人）

	项　目	栏次	本月数
销售额	（一）按适用税率征税货物及劳务销售额	1	
	其中：应税货物销售额	2	
	应税劳务销售额	3	
	纳税检查调整的销售额	4	
	（二）按简易征收办法征税货物销售额	5	
	其中：纳税检查调整的销售额	6	
	（三）免、抵、退办法出口货物销售额	7	
	（四）免税货物及劳务销售额	8	
	其中：免税货物销售额	9	
	免税劳务销售额	10	
税款计算	销项税额	11	
	进项税额	12	
	上期留抵税额	13	
	进项税额转出	14	
	免抵退货物应退税额	15	
	按适用税率计算的纳税检查应补缴税额	16	
	应抵扣税额合计	17=12+13-14-15+16	
	实际抵扣税额	18（如17<11，则为17，否则为11）	
	应纳税额	19=11-18	
	期末留抵税额	20=17-18	
	简易征收办法计算的应纳税额	21	
	按简易征收办法计算的纳税检查应补缴税额	22	
	应纳税额减征额	23	
	应纳税额合计	24=19+21-23	
税款缴纳	期初未缴税额（多缴为负数）	25	
	实收出口开具专用缴款书退税额	26	
	本期已缴税额	27=28+29+30+31	
	①分次预缴税额	28	
	②出口开具专用缴款书预缴税额	29	
	③本期缴纳上期应纳税额	30	
	④本期缴纳欠缴税额	31	
	期末未缴税额（多缴为负数）	32=24+25+26-27	
	其中：欠缴税额（≥0）	33=25+26-27	
	本期应补（退）税额	34=24-28-29	
	即征即退实际退税额	35	
	期初未缴查补税额	36	
	本期入库查补税额	37	
	期末未缴查补税额	38=16+22+36-37	
附加税费	城市维护建设税本期应补（退）税额	39	
	教育费附加本期应补（退）费额	40	
	地方教育附加本期应补（退）费额	41	

凭证54-2

增值税及附加税费申报资料

1. 增值税及附加税费申报表	
增值税纳税申报表附列资料（表一）	本期销售情况明细
增值税纳税申报表附列资料（表二）	本期进项税额明细
增值税纳税申报表附列资料（表三）	服务、不动产和无形资产扣除项目明细
增值税纳税申报表附列资料（表四）	税额抵减情况表
增值税及附加税费申报表附列资料（五）	附加税费情况表
2. 增值税减免税申报明细表	
3. 增值税及附加税费预缴表	
增值税及附加税费预缴表附列资料	附加税费情况表

凭证54-3

转账日期：2024年　12　月　13　日		
纳税人全称及识别号：武汉光谷机械有限责任公司　420044444466661236		
付款人全称：武汉光谷机械有限责任公司		
付款人账号：128333333388888	征收机关名称：东湖税务	
付款人开户银行：工商银行东湖支行	收款国库（银行）名称	
小写（合计）金额：400000.00	缴款书交易流水号	
大写（合计）金额：肆拾万元整	税票号码：	
税（费）种名称	所属时期	实缴金额
增值税	20241101—20241130	400000.00

凭证55

转账日期：2024年　12　月　13　日		
纳税人全称及识别号：武汉光谷机械有限责任公司　420044444466661236		
付款人全称：武汉光谷机械有限责任公司		
付款人账号：128333333388888	征收机关名称：东湖税务	
付款人开户银行：工商银行东湖支行	收款国库（银行）名称	
小写（合计）金额：48000.00	缴款书交易流水号	
大写（合计）金额：肆万捌仟元整	税票号码：	
税（费）种名称	所属时期	实缴金额
城建税	20241101—20241130	28000.00
教育费附加	20241101—20241130	12000.00
地方教育附加	20241101—20241130	8000.00

凭证56-1（要求自制）

A200000　　中华人民共和国企业所得税月（季）度预缴纳税申报表（A类）

税款所属期间：2024年 11 月 1 日 至2024年 11 月 30 日

预缴方式	□ 按照实际利润额预缴	□ 按照上一纳税年度应纳税所得额平均额预缴	□ 按照税务机关确定的其他方法预缴
企业类型	□ 一般企业	□ 跨地区经营汇总纳税企业总机构	□ 跨地区经营汇总纳税企业分支机构

行次	项　目		本年累计金额
1	营业收入		
2	营业成本		
3	利润总额		
4	加：特定业务计算的应纳税所得额		
5	减：不征税收入		
6	减：资产加速折旧、摊销（扣除）调减额（填写 A201020）		
7	减：免税收入、减计收入、加计扣除（7.1+7.2+…）		
8	减：所得减免（8.1+8.2+…）		
9	减：弥补以前年度亏损		
10	实际利润额（3+4-5-6-7-8）\ 按照上一纳税年度应纳税所得额平均额确定的应纳税所得额		
11	税率（25%）		
12	应纳所得税额（9×10）		
13	减：减免所得税额（13.1+13.2+…）		
14	减：实际已缴纳所得税额		
15	减：特定业务预缴（征）所得税额		
16	本期应补（退）所得税额（11-12-13-14）\ 税务机关确定的本期应纳所得税额		

汇总纳税企业总分机构税款计算

17	总机构填报	总机构本期分摊应补（退）所得税额（17+18+19）	
18		其中：总机构分摊应补（退）所得税额（15×总机构分摊比例__%）	
19		财政集中分配应补（退）所得税额（15×财政集中分配比例__%）	
20		总机构具有主体生产经营职能的部门分摊所得税额（15×全部分支机构分摊比例__%×总机构具有主体生产经营职能部门分摊比例__%）	
21	分支机构填报	分支机构本期分摊比例	
22		分支机构本期分摊应补（退）所得税额	

实际缴纳企业所得税计算

23	减：民族自治地区企业所得税地方分享部分： □ 免征　□ 减征:减征 幅度____%	本年累计应减免金额［（12-13-15）×40%×减征幅度］	
24	实际应补（退）所得税额		

附表

A201010	免税收入、减计收入、所得减免等优惠明细表
A201020	固定资产加速折旧（扣除）优惠明细表
A201030	减免所得税优惠明细表
A202000	企业所得税汇总纳税分支机构所得税分配表

凭证56-2

转账日期：2024年12月13日	
纳税人全称及识别号：武汉光谷机械有限责任公司 420044444466661236	
付款人全称：武汉光谷机械有限责任公司	
付款人账号：128333333388888	征收机关名称： 东湖税务
付款人开户银行：工商银行东湖支行	收款国库（银行）名称
小写（合计）金额：180000.00	缴款书交易流水号
大写（合计）金额：壹拾捌万元整	税票号码：

税（费）种名称	所属时期	实缴金额
企业所得税	20241101—20241130	180000.00

凭证57（要求自制）

固定资产折旧计算表　　　　2024年12月　　　万元

使用部门	房屋原值	机器设备	运输设备	其他设备	月折旧额	会计科目
月折旧率	0.4%	0.8%	1.6%	1.6%	净残值4%	
一车间	882.9375	570		15		
二车间	982.9375	450		15		
管理部门	934.125		50	42.5		
销售部门	500		40	40		
原值合计	3300	1020	90	112.5		
折旧合计						

凭证58-1

中国工商银行

转账支票存根

30804230

90252049

附加信息

_____

_____

_____

出票日期：2024年12月17日

| 收款人：长江会计 |
| 金额：19080.00 |
| 用途：审计费 |

单位主管　孙玲　会计　李冰

凭证58-2

动态二维码	电子发票（增值税专用发票）　开票号码：20位

开票日期：2024年12月17日

购买方信息	名称：武汉光谷机械有限责任公司 统一社会信用代码/纳税人识别号： 42004444466661236	销售方信息	名称：长江会计 统一社会信用代码/纳税人识别号： 425555666123831238

项目名称	规格型号	单位	数量	单价	金额	税率/征收率	税额
鉴证服务					18000.00	6%	1080.00
合计					￥18000.00		￥1080.00

价税合计（大写）	⊗壹万玖仟零捌拾元整　（小写）￥19080.00
备注	

开票人：李某某

凭证59-1

<table>
<tr><td colspan="2">中国工商银行
现金支票存根
支票号码945468
附加信息

_____
_____
_____

出票日期2024年12月17日

收款人：湖北石油
金额：4797.00
用途：汽油费

单位主管孙玲　会计李冰</td><td rowspan="5">本支票付款期限十天</td><td colspan="13">中国工商银行现金支票</td></tr>
</table>

			中国工商银行现金支票												
中国工商银行 现金支票存根 支票号码945468 附加信息 _____ _____ _____ 出票日期2024年12月17日	本支票付款期限十天	支票号码945468 出票日期（大写）贰零贰肆年壹拾贰月壹拾陆日　付款行名称 收款人：湖北石油　　　　　出票人账号												

凭证59-2

动态 二维码	成品油	电子发票（普通发票） 开票号码：20 位	

<table>
<tr>
<td rowspan="2">购买方信息</td>
<td>名称：武汉光谷机械有限责任公司
统一社会信用代码/纳税人识别号：
420044444466661236</td>
<td rowspan="2">销售方信息</td>
<td>名称：湖北石油分公司
统一社会信用代码/纳税人识别号：
420044444456221230</td>
</tr>
<tr><td colspan="2">开票日期：2024 年 12 月 17 日</td></tr>
</table>

项目名称	规格型号	单位	数量	单价	金额	税率/征收率	税额
成品油					4245.13	13%	551.87
合计					￥4245.13		￥551.87

价税合计（大写）	Ⓧ肆仟柒佰玖拾柒元整	（小写）4797.00
备注		

开票人：王某某

凭证60

现金盘点报告表

编制单位：武汉光谷　　　　　　　　　　　　　　　　　　2024年12月18日

实存金额	账存金额	实存账存对比		备注
		盘盈	盘亏	
21679.00	21879.00		200.00	无法查明原因

盘点人签章：孙玲　　　　　　　　　　　　　　　　　　出纳签章：刘谦

凭证61

账存实存对比表

编制单位：武汉光谷　　　　　　　　　　　　　　　2024年12月18日　　第　　页

序号	名称	规格	单位	单价	实存		账存		对比结果				备注
					数量	金额	数量	金额	盘盈		盘亏		属于税法非常损失
									数量	金额	数量	金额	
1	丁产品		件								1	1728	外购比例75%

单位主管：　　　　　　　　　主管会计：　孙玲　　　　　　　制表：张涵

凭证62（要求自制）

账存实存对比表

编制单位：武汉光谷　　　　　　　　　　　　　　　2024年12月18日　　第　　页

序号	名称	规格	单位	单价	实存		账存		对比结果				备注
					数量	金额	数量	金额	盘盈		盘亏		计量差错
									数量	金额	数量	金额	
1	D												

单位主管：　　　　　　　　　主管会计：　孙玲　　　　　　　制表：张涵

凭证63-1

中国工商银行 现金支票存根 支票号码945469 附加信息 ＿＿＿＿＿＿＿＿＿ ＿＿＿＿＿＿＿＿＿ ＿＿＿＿＿＿＿＿＿ 出票日期2024年12月19日 收款人：红十会 金额：100000.00 用途：捐款 主管孙玲 会计 李冰	本支票付款期限十天

中国工商银行现金支票

支票号码945469

出票日期（大写）贰零贰肆年壹拾贰月壹拾玖日　付款行名称

收款人：红十会　　　　　　　　　出票人账号

人民币（大写） 壹拾万元整	亿	千	百	十	万	千	百	十	元	角	分
				¥1	0	0	0	0	0	0	0

用途：疫情捐款

上列款项请从我账户内支付

出票人签章　　　　　　　　　　　　　复核　　记账

凭证63-2

红十字会统一收据

2024年 12月19 日

交款单位（人）：武汉光谷机械有限责任公司								
交款事由：捐赠	金额							
疫情捐款	十	万	千	百	十	元	角	分
	1	0	0	0	0	0	0	0
合计人民币（大写）壹拾万元整								
收款单位：武汉红十字会								

第一联 付款单位记账联

财务主管　　　　会计　　　　　收款人 国美美　经手人　刘军

凭证64

托收凭证（付款通知）

委托日期 2024年12月19日

<table>
<tr><td colspan="2">业务类型</td><td colspan="3">委托收款（邮汇、电汇）</td><td colspan="9">托收承付（邮汇、电汇）</td><td rowspan="11">付款人开户银行给付款人的付款通知</td></tr>
<tr><td rowspan="3">付款人</td><td>全称</td><td colspan="3">武汉光谷机械有限责任公司</td><td rowspan="3">收款人</td><td colspan="8">全称　　　华南公司</td></tr>
<tr><td>账号</td><td colspan="3">128333333388888</td><td colspan="8">账号　　　662325252521300</td></tr>
<tr><td>地址</td><td colspan="3">武汉市武汉大道128号</td><td colspan="8">地址　　　广西南宁</td></tr>
<tr><td rowspan="2">金额</td><td colspan="4" rowspan="2">人民币（大写）叁拾伍万元整</td><td>千</td><td>百</td><td>十</td><td>万</td><td>千</td><td>百</td><td>十</td><td>元</td><td>角</td><td>分</td></tr>
<tr><td>￥</td><td>3</td><td>5</td><td>0</td><td>0</td><td>0</td><td>0</td><td>0</td><td>0</td><td>0</td></tr>
<tr><td colspan="2">款项内容</td><td colspan="2">托收凭据名称</td><td colspan="5">附寄单证张数</td><td colspan="4"></td></tr>
<tr><td colspan="2">商品发运情况</td><td colspan="2"></td><td colspan="5">合同名称号码</td><td colspan="4"></td></tr>
<tr><td colspan="4">备注　商业汇票到期</td><td colspan="9">付款人注意：</td></tr>
<tr><td colspan="4">复核　　　记账</td><td colspan="9">收款开户银行签章　　2024年12月19日</td></tr>
</table>

凭证65-1

中国工商银行存款利息凭证

2024年12月20日

<table>
<tr><td rowspan="3">收款单位</td><td>户名</td><td colspan="2">武汉光谷机械有限责任公司</td><td rowspan="3">付款单位</td><td>户名</td><td>工行东湖支行</td></tr>
<tr><td>账号</td><td colspan="2">128333333388888</td><td>账号</td><td></td></tr>
<tr><td>开户银行</td><td colspan="2">工商银行东湖支行</td><td>开户银行</td><td></td></tr>
<tr><td>积数</td><td></td><td>利率</td><td></td><td colspan="2">利息</td><td>1500.90</td></tr>
<tr><td colspan="4" rowspan="2">第4季度利息</td><td colspan="3" rowspan="2">复核员　　　　　记账员</td></tr>
<tr></tr>
</table>

凭证65-2

中国建设银行存款利息凭证
2024年12月20日

收款单位	户名	武汉光谷机械有限责任公司	付款单位	户名	建行武昌支行
	账号	126333333378788		账号	
	开户银行	建设银行武昌支行		开户银行	
积数		利率		利息	500.02
第 4 季度利息				复核员　记账员	

凭证66

动态二维码	电子发票（普通发票） 开票号码：20 位	
	开票日期：2024 年 12 月 20 日	

购买方信息	名称：武汉光谷机械有限责任公司 统一社会信用代码/纳税人识别号： 420044444466661236	销售方信息	名称：中国工商银行 统一社会信用代码/纳税人识别号： 421678787872221238

项目名称	规格型号	单位	数量	单价	金额	税率/征收率	税额
银行手续费					2547.17	6%	152.83
合计					￥2547.17		￥152.83

价税合计（大写）	⊗贰仟柒佰元整	（小写）2700.00
备注		

开票人：王某某

凭证67-1（要求自制）

电子发票（增值税专用发票）　开票号码：20 位

开票日期：2024 年 12 月 20 日

动态二维码								
购买方信息	名称：湖北海天公司 统一社会信用代码/纳税人识别号： 421313875632101235				销售方信息	名称：武汉光谷机械有限责任公司 统一社会信用代码/纳税人识别号： 420044444466661236		
项目名称	规格型号	单位	数量	单价	金额	税率/征收率	税额	
合计								
价税合计（大写）						（小写）		
备注								

开票人：

凭证67-2

工商银行电子回单

回单编号：		回单类型：支付结算		业务名称：自动入账	
凭证种类：		凭证号码：		借贷标志：贷	回单格式码：
付款人账号：					
付款人名称：海天公司					
开户行名称：					
收款人账号：128333333388888					
收款人名称：武汉光谷机械有限责任公司					
开户行名称：工行					
币种：人民币	金额：1536800.00		大写金额：壹佰伍拾叁万陆仟捌佰元整		
打印次数：1次	记账日期：2024年12月20日		会计流水号：5678		

凭证67-3（要求自制）

产品出库单

编号

编号	名称规格	单位	数量	发货时间	购买单位
丙产品					
合计					

会计主管：　　　仓库主管：　　　　仓库保管：　　　　经发：　　　制单：张涵

凭证67-4

开票通知单

销售员：洪流　　　　　　　　　　　　　　　日期：2024年12月20日

客户名称	产品名称	规格型号	发货日期	数量	含税单价	总价	合同号
海天	丙产品		12.20	400	3842	1536800	06
备注							

总经理签字：　　　　　　　　　　　　　　　销售经理签字：马进

凭证67-5

销售合同

甲方：湖北海天公司

乙方：武汉光谷机械有限责任公司

根据《中华人民共和国合同法》及有关法律、法规规定，甲、乙双方本着平等、自愿、公平、互惠互利和诚实守信的原则，就产品供销的有关事宜协商一致订立本合同，以便共同遵守。

一、合同价款及付款方式

本合同签订后，在乙方将产品及时送至甲方指定的地点并经甲方验收后，甲方一次性将款项付给乙方。

二、产品质量

1. 乙方保证所提供的产品货真价实，来源合法，无任何法律纠纷和质量问题，如果乙方所提供产品与第三方出现了纠纷，那么由此引起的一切法律后果均由乙方承担。

2. 公司承诺产品售出后1年内出现质量问题免费保修。

三、违约责任

1. 甲乙双方均应全面履行本合同约定，一方违约给另一方造成损失的，应当承担赔偿责任。

2. 乙方未按合同约定供货的，按延迟供货的部分款计算，每延迟一日承担货款的万分之五违约金，延迟10日以上的，除支付违约金外，甲方有权解除合同。

3. 甲方未按照合同约定的期限结算的，应按照中国人民银行有关延期付款的规定，延迟一日，需支付结算货款的万分之五的违约金；延迟10日以上的，除支付违约金外，乙方有权解除合同。

四、其他约定事项

本合同一式两份，自双方签字之日起生效。如果出现纠纷，那么双方均可向有管辖权的人民法院提起诉讼。

合同专用章

2024年12月10日

凭证68-1

```
                    中国工商银行
                    转账支票存根
                     30804230
                     90252050

        附加信息
        _____

        _____

        _____

        出票日期：2024年12月20日

        收款人：武汉园林有限公司

        金额：1754.00

        用途：绿化

        单位主管　孙玲　会计　李冰
```

凭证68-2

	电子发票（普通发票）开票号码：20位
	开票日期：2024 年 12 月 20 日

动态 二维码		
购 买 方 信 息	名称：武汉光谷机械有限责任公司 统一社会信用代码/纳税人识别号： 420044444466661236	销 售 方 信 息

	名称：武汉园林有限公司 统一社会信用代码/纳税人识别号： 420044444456221230

项目名称	规格型号	单位	数量	单价	金额	税率/征收率	税额
绿植					1702.91	3%	51.09
合计					￥1702.91		￥51.09

价税合计（大写）	⊗壹仟柒佰伍拾肆元整	（小写）1754.00
备 注		

开票人：朱某某

凭证69（要求自制）

债权投资计息摊销

2024年12月20日

单位：万元

购买时间	2024年1月2日
到期时间	2028年12月31日
付息方式	按年付息
买价	
购买方式	
面值	
利息调整	
票面利率	
实际利率	
应收利息	
期初摊余成本	
实际利息收入	
利息调整的摊销	
期末摊余成本	

凭证70

财产清查结果的处理

2024年12月20日

项目	现金
盘点结果	盘亏200元
原因	无法查明原因
处理意见 建议作管理费用处理	签字：钱景
审批结果 同意作管理费用处理	签字： 盖章：

凭证71

贷款到账通知单

2024年12月20日

借款单位	武汉光谷机械有限责任公司		种类		贷款户账号			建行 126333333378788					
金额	人民币（大写）伍佰万元整		千	百	十	万	千	百	十	元	角	分	
			￥	5	0	0	0	0	0	0	0	0	
用途			单位申请期限				三年						
			银行核定期限				三年						
上述贷款已核准发放，并划入你单位 账号：126333333378788 年利率：7.5% 银行签章　　　　2024年12月20日			复核 主管 记账 会计										

凭证72-1

```
中国建设银行
转账支票存根
40804230
60252080

附加信息
_____
_____
_____

出票日期：2024年12月20日

  收款人：山河公司
  金额：2000000.00
  用途：工程款

单位主管 孙玲　会计　李冰
```

凭证72-2

动态二维码	建筑服务	电子发票（普通发票）

开票号码：20 位

开票日期：2024 年 12 月 20 日

购买方信息	名称：武汉光谷机械有限责任公司 统一社会信用代码/纳税人识别号： 42004444466661236	销售方信息	名称：山河公司 统一社会信用代码/纳税人识别号： 454500000057501235

项目名称	建筑服务发生地	建筑项目名称	金额	税率/征收率	税额
建筑服务	武汉		1941747.57	3%	58252.43
合计			￥1941747.57		￥ 58252.43

价税合计（大写）	Ⓧ贰佰万元整	（小写）2000000.00

备注	土地增值税项目编号： 跨地（市）标志：

开票人：姚某某

凭证73-1

中国建设银行流动资金贷款还款凭证

单位编码：2024年12月20日　　　　原借款凭证银行编号：

付款人	名称	武汉光谷机械有限责任公司	收款人	名称	建行武昌支行
	账号	126333333378788		账号	
	开户银行	建行		开户银行	建行

计划还款日期	2021年12月20日

还款金额：人民币壹佰万元整	支付利息：人民币叁万元整

本息合计	人民币（大写）壹佰零叁万元整	千	百	十	万	千	百	十	元	角	分
		￥	1	0	3	0	0	0	0	0	0

备注：	上述借款本金和利息已从你单位建行放款账户内偿还 借款单位： 银行盖章　2024年12月20日

凭证73-2

电子发票（普通发票）　开票号码：20位

开票日期：2024 年 12 月 20 日

购买方信息	名称：武汉光谷机械有限责任公司 统一社会信用代码/纳税人识别号： 420044444466661236	销售方信息	名称：建行南湖支行 统一社会信用代码/纳税人识别号： 454500000057521238

项目名称	规格型号	单位	数量	单价	金额	税率/征收率	税额
贷款利息					28301.89	6%	1698.11
合计					￥28301.89		￥1698.11

价税合计（大写）	Ⓧ叁万元整	（小写）30000.00
备注		

开票人：胡某某

凭证74

财务自查情况

序号	内容	处理意见
1	购进国内旅客运输服务未抵扣进项税额320元。	补记进项税额320元。
2	通行费发票未抵扣进项税额150元。	补记进项税额150元。
日期	2024年12月20日	签字盖章：

凭证75-1

托收凭证（收账通知）

委托日期　　2024年12月20日

业务类型		委托收款（邮汇，电汇）				托收承付（邮汇，电汇）						
付款人	全称	西北公司		收款人	全称	武汉光谷机械有限公司						
	账号	135000078445412			账号	128333333388888						
	地址	武汉藏龙大道100号			地址	武汉市武汉大道128号						
金额	人民币（大写）捌拾万元整			亿	千	百	十	万	千	百	十	元	角
						￥	8	0	0	0	0	0	0
款项内容		托收凭据名称	附寄单证张数			2						
商品发运情况			合同名称号码									
备注			上列款项已划回收入你方账户内。									
复核　记账			收款开户银行签章　　2024年12月20日									

右侧竖排：收款人开户银行给收款人的收账通知

凭证75-2（该债权已计提1万元坏账准备）

债务重组协议

甲、乙经过友好协商，达成如下协议。

第一条　乙方于2024年12月20日之前一次性向甲方支付80万元人民币，甲方免除乙方所欠剩余货款20万元。

第二条　如乙方于2024年12月20日之前不能偿还全部所承诺的80万元债务，甲方有权取消对乙方的全部承诺，单方解除本合同，对其中乙方已归还甲方的款项作为乙方正常偿还欠款处理，并依法采取各种手段追回乙方所欠的剩余借款本金及利息。

第三条　在乙方未归还全部所承诺的××万元债务之前，甲方不放弃除本合同有明确约定之外的任何权利（包括对抵押物的有关权利）。

第四条　甲、乙双方的其他约定。

第五条　本协议未尽事宜由各方协商解决。

第六条　各方因履行本合同而发生的纠纷，由甲方住所地人民法院管辖。

第七条　本合同一式两份，甲、乙方各执一份。

第八条　本合同自各方有权签字人签字并加盖公章后生效。

甲方：（盖章）　武汉光谷　　　　　　　　　乙方：（盖章）西北公司

授权代表：（签字）　郝运　　　　　　　　　授权代表：（签字）吴天

凭证76-1

中国工商银行
转账支票存根
30804230
90252051

附加信息

_____

_____

_____

出票日期：2024年12月30日

| 收款人：培训中心 |
| 金额：8483.60 |
| 用途：职工培训 |

单位主管　孙玲　会计　李冰

凭证76-2

武汉光谷公司费用报销单

填报人	王平	部别	管理部门	日期	2024年12月30日
费用类型	填　报　说　明				
职工培训	职工业务培训				
金　额	仟　佰　拾×万捌仟肆佰捌拾叁元陆角零分¥8483.60				
原支款		应付（退）款		财务审核人	李冰
批准人		部门负责人		财务负责人	钱景

附单据　2　张

凭证77（要求自制：第四季度印花税申报，年末计提)

印花税税源明细表

序号	*税目	*税款所属期起	*税款所属期止	应纳税凭证编号	应纳税凭证书立（领受）日期	*计税金额或件数	核定比例	*税率	减免性质代码和项目名称
按期申报									
1									
2									
3									
按次申报									
1									
2									
3									

凭证78

财产清查结果的处理
2024年12月20日

项目	丁产品
盘点结果	盘亏1件
原因	管理不善
处理意见 建议作管理费用处理 签字：钱景	审批结果 作管理费用处理 签字： 盖章：

凭证79

中国工商银行
现金支票存根
支票号码945471
附加信息
————————
————————
————————

出票日期
2024年12月20日

收款人：王平
金额：40000.00

单位主管孙玲会计李冰

本支票付款期限十天

中国工商银行现金支票

支票号码945471

出票日期（大写）贰零贰壹年壹拾贰月零贰拾日　付款行名称

收款人：王平　　　　　　　　出票人账号

人民币（大写） 肆万元整	亿	千	百	十	万	千	百	十	元	角	分
					¥	4	0	0	0	0	0	0

用途————————

上列款项请从
我账户内支付
给出票人签章　　　　　　　　复核　　　记账

凭证80

中国工商银行
转账支票存根
30804230
90252052

附加信息
————————
————————
————————

出票日期：2024年12月20日

收款人：捷龙公司
金额：5000.00
用途：职工上下班交通费

单位主管　孙玲　会计　李冰

凭证81-1

2024年12月列支职工福利费

单位：元

项目	内容	金额
中餐补助	本月实际进餐人次4000，每人次10元。	40000.00
交通班车	班车费用开支	5000.00
合计	按实际发生额计提	45000.00

凭证81-2

武汉光谷公司费用报销单

填报人	王平	部别	综合部	日期	2024年12月20日
费用类型	用　途　说　明				
中餐补贴	本月实际进餐人次4000，每人次10元				
金　额	仟　佰×拾肆万零仟零佰零拾零元零角零分¥40000.00				
批准人		部门负责人		财务负责人	钱景

附单据　30　张

凭证81-3

武汉光谷公司费用报销单

填报人	王平	部别	管理部门	日期	2024年12月20日
费用类型	填　报　说　明				
运输费用	职工上下班交通费开支				
金　额	仟　佰　拾×万伍仟零佰零拾零元零角零分¥5000.00				
原支款		应付（退）款		财务审核人	李冰
批准人		部门负责人		财务负责人	钱景

附单据2张

223

凭证82-1（要求自制）

电费分配计算表

单位：元

使用部门	应借科目	用量	单位电费	分配金额
一车间	制造费用——一车间	288750	0.6	
二车间	制造费用——二车间	156250	0.6	
管理部门	管理费用	50000	0.6	
销售部门	销售费用	5000	0.6	
小计		500000	0.6	
应交税费（税率13%）				
合计		500000		

凭证82-2

动态 二维码	电子发票（增值税专用发票）开票号码：20位 开票日期：2024年12月23日	
购买方信息	名称：武汉光谷机械有限责任公司 统一社会信用代码/纳税人识别号： 420044444466661236	销售方信息 名称：湖北电力公司 统一社会信用代码/纳税人识别号： 427864445566361236

项目名称	规格型号	单位	数量	单价	金额	税率/征收率	税额
电费		度	500000	0.6	300000.00	13%	39000.00
合计					￥300000.00		￥39000.00
价税合计（大写）	⊗叁拾叁万玖仟元整 （小写）￥339000.00						
备注							

开票人：张某某

凭证82-3

托收凭证（付款通知）

委托日期：　2024年12月23日

业务类型		委托收款（邮汇、电汇）		托收承付（邮汇、电汇）										
付款人	全称	武汉光谷机械有限责任公司	收款人	全称	湖北电力公司								
	账号	128333333388888		账号	128684878685425								
	地址	武汉		地址	武汉								
金额		人民币（大写）叁拾叁万玖仟元整			千	百	十	万	千	百	十	元	角	分
					￥	3	3	9	0	0	0	0	0
款项内容			托收凭据名称		附寄单证张数								
商品发运情况				合同名称号码									
备注				付款人注意：									
复核　记账				收款开户银行签章 2024年12月23日									

（右侧竖排）付款人开户银行给付款人的付款通知

凭证83-1（要求自制）

水费分配计算表

单位：元

使用部门	应借科目	用量	单位水费	分配金额
一车间	制造费用—— 一车间	1815	2.5	
二车间	制造费用—— 二车间	1019	2.5	
管理部门	管理费用	1086	2.5	
销售部门	销售费用	80	2.5	
小计		4000	2.5	
应交税费	（征收率3%）			
合计		4000		

凭证83-2

电子发票（增值税专用发票）　开票号码：20 位

开票日期：2024 年 12 月 23 日

购买方信息	名称：武汉光谷机械有限责任公司 统一社会信用代码/纳税人识别号： 420044444466661236	销售方信息	名称：湖北自来水公司 统一社会信用代码/纳税人识别号： 427864445566779

项目名称	规格型号	单位	数量	单价	金额	税率/征收率	税额
水费		吨	4000	2.5	10000.00	3%	300.00
合计					￥10000.00		￥300.00

价税合计（大写）	Ⓧ壹万零叁佰元整（小写）￥10300.00
备注	

开票人：张某某

凭证83-3

托收凭证（付款通知）

委托日期　2024年12月23日

业务类型	委托收款（邮汇、电汇）		托收承付（邮汇、电汇）		付款人开户银行给付款人的付款通知
付款人	全称	武汉光谷机械有限责任公司	收款人	全称	湖北自来水公司	
	账号	128333333388888		账号	128684878688689	
	地址	武汉		地址	武汉	

金额	人民币（大写）壹万零叁佰元整	千	百	十	万	千	百	十	元	角	分
				￥	1	0	3	0	0	0	0

款项内容		托收凭据名称		附寄单证张数	
商品发运情况			合同名称号码		

备注	付款人注意：
复核　记账	收款开户银行签章 2024年12月23日

凭证84-1

中华人民共和国
税收　完税　证明

填发日期：2024年12月20日　　　税务机关：国家税务总局武汉市税务局

纳税人识别号	42004444466661236		纳税人名称	武汉光谷机械有限责任公司		
原凭证号	税种	品目名称	税款所属时期	入（退）库日期	实缴（退）金额	
	残疾人就业保障金	残疾人就业保障金	20240101-20241231	2024-12-24	12000.00	
金额合计	（大写）壹万贰仟元整				￥12000.00	
税务机关（盖章）		填表人	备注：一般申报　征税　国家税务总局武汉市税务局			
妥善保管						

收据联　交纳税人作完税凭证

凭证84-2

中国工商银行

转账支票存根

30804230

90252053

附加信息

_____

_____

_____

出票日期：2024年12月24日

收款人：
金额：12000.00
用途：残保金

单位主管 孙玲　会计　李冰

凭证85-1

电子发票（增值税专用发票）　开票号码：20 位

开票日期：2024 年 12 月 25 日

| 购买方信息 | 名称：东北公司
统一社会信用代码/纳税人识别号：
420044445566781230 | | 销售方信息 | 名称：武汉光谷机械有限责任公司
统一社会信用代码/纳税人识别号：
420044444466661236 | |

项目名称	规格型号	单位	数量	单价	金额	税率/征收率	税额
丁产品		件	1000	2340	2340000.00	13%	304200.00
合计					￥2340000.00		￥304200.00

价税合计（大写）	ⓧ贰佰陆拾肆万肆仟贰佰元整　（小写）￥2644200.00
备注	

开票人：李冰

凭证85-2

产品出库单

编号

编号	名称规格	单位	数量	发货时间	购买单位
丁产品		件	1000	12月25日	东北公司
合计					

会计主管：孙玲　　仓库主管：　　仓库保管：　　经发：　　制单：张涵

凭证85-3

托收凭证（受理回单）

委托日期：　2024年12月25日

业务类型		委托收款（邮汇、电汇）		托收承付（邮汇、电汇）										
付款人	全称	东北公司	收款人	全称	武汉光谷机械有限责任公司								
	账号	128333663388635		账号	128333333388888								
	地址	武汉市发展大道		地址	武汉市武汉大道128号								
金额	人民币（大写）贰佰陆拾肆万玖仟贰佰元整		千	百	十	万	千	百	十	元	角	分	
			￥	2	6	4	9	2	0	0	0	0	
款项内容		托收凭据名称		附寄单证张数									
商品发运情况				合同名称号码									
备注复核　记账			款项收妥日期年　月　日		收款开户银行签章年　月　日								

收款人开户银行给收款人的受理回单

凭证85-4

```
        中国工商银行

        转账支票存根

         30804230

         90252054

  附加信息
  _____

  _____

  _____

      出票日期：2024年12月25日

      ┌──────────────────┐
      │ 收款人：武汉铁路局   │
      ├──────────────────┤
      │ 金额：5000.00      │
      ├──────────────────┤
      │ 用途：代垫运费      │
      └──────────────────┘

   单位主管　孙玲　会计　李冰
```

凭证85-5

开票通知单

销售员：周游　　　　　　　　　　　　　　　　日期：2024年12月25日

客户名称	产品名称	规格型号	发货日期	数量	含税单价	总价	合同号
东北公司	丁产品		12.25	1000件	2644.2元	2644200元	
备注							

总经理签字：　　　　　　　　　　　　　　　　　销售经理签字：马进

凭证85-6

经理办公会议纪要

　　东北公司自收到货物的30天内可以提出退货，运费由购货方承担，属于附有销售退回条款的销售。企业根据销售及退货情况进行分析后，估计丁产品的退货率为3%。

参加人：郝运　钱景　孙玲

2024-12-03

凭证86-1（要求自制）

产品出库单

编号

编号	名称规格	单位	数量	发出时间	购买单位
合计					

会计主管：　　　仓库主管：　　　　仓库保管：　　　　　　经发：　　　制单：

凭证86-2

商业承兑汇票2

出票日期　贰零贰肆年壹拾贰月贰拾柒日
（大写）　　　　　　　　　　　汇票号码

<table>
<tr><td rowspan="3">付款人</td><td>全称</td><td>立方公司</td><td rowspan="3">收款人</td><td>全称</td><td colspan="9">武汉光谷有限责任公司</td><td rowspan="14">此联随托收凭证寄付款人开户行</td></tr>
<tr><td>账号</td><td>425151535455560</td><td>账号</td><td colspan="9">128333333388888</td></tr>
<tr><td>开户银行</td><td>工行</td><td>开户银行</td><td colspan="9">工商银行东湖支行</td></tr>
<tr><td rowspan="2">出票金额</td><td colspan="2" rowspan="2">人民币（大写）叁佰零柒万叁仟陆佰元整</td><td>千</td><td>百</td><td>十</td><td>万</td><td>千</td><td>百</td><td>十</td><td>元</td><td>角</td><td>分</td></tr>
<tr><td colspan="2">￥</td><td>3</td><td>0</td><td>7</td><td>3</td><td>6</td><td>0</td><td>0</td><td>0</td><td>0</td></tr>
<tr><td>汇票到期日（大写）</td><td colspan="2">贰零贰伍年零叁月贰拾陆日</td><td colspan="2" rowspan="2">付款人开户行</td><td colspan="2">行号</td><td colspan="5"></td></tr>
<tr><td>交易合同号码</td><td colspan="2"></td><td colspan="2">地址</td><td colspan="5"></td></tr>
<tr><td colspan="3">本汇票已经承兑，到期无条件支付货款。
承兑人签章

承兑日期：2024年12月27日</td><td colspan="10">本汇票请予以承兑，于到期日付款。
出票人签章</td></tr>
</table>

凭证86-3（要求自制）

<table>
<tr><td rowspan="2">动态
二维码</td><td colspan="8" style="text-align:center">电子发票（增值税专用发票）　开票号码：20位</td></tr>
<tr><td colspan="8" style="text-align:right">开票日期：2024 年 12 月 27 日</td></tr>
<tr><td rowspan="3">购买方信息</td><td colspan="4">名称：立方公司
统一社会信用代码/纳税人识别号：
425151535455560</td><td rowspan="3">销售方信息</td><td colspan="3">名称：武汉光谷机械有限责任公司
统一社会信用代码/纳税人识别号：
420044444466661236</td></tr>
<tr><td>项目名称</td><td>规格型号 单位 数量</td><td>单价</td><td>金额</td><td colspan="2">税率/征收率</td><td colspan="2">税额</td></tr>
<tr><td></td><td></td><td></td><td></td><td colspan="2"></td><td colspan="2"></td></tr>
<tr><td colspan="2">合计</td><td></td><td></td><td></td><td colspan="2"></td><td colspan="2"></td></tr>
<tr><td colspan="4">价税合计（大写）</td><td colspan="5">（小写）</td></tr>
<tr><td>备注</td><td colspan="8"></td></tr>
</table>

开票人：

凭证86-4

开票通知单

销售员：戴路　　　　　　　　　　　　　　　　　日期：2024年12月27日

客户名称	产品名称	规格型号	发货日期	数量	含税单价	总价	合同号
立方公司	丙产品		12.25	800件	3842元	3073600元	
备注							

　　总经理签字：　　　　　　　　　　　　　　　　销售经理签字：马进

凭证87-1

武汉光谷有限责任公司股东会决议

　　根据《中华人民共和国公司法》及本公司章程的有关规定，武汉光谷有限责任公司股东会会议于2021年12月28日在藏龙岛召开。M公司和N公司各出资50%。

　　形成决议：按照实缴的出资比例分配上一年股利300万元并支付。

　　股东（签字、盖章）

　　武汉光谷有限责任公司　　　　　　　　　　二〇二四年十二月二十八日

凭证87-2

工商银行电子回单

回单编号：		回单类型：支付结算		业务名称：自动入账	
凭证种类：		凭证号码：		借贷标志：借	回单格式码：
付款人账号：					
付款人名称：武汉光谷机械有限责任公司					
开户行名称：					
收款人账号：M公司					
收款人名称：					
开户行名称：					
币种：人民币	金额：1500000.00			大写金额：壹佰伍拾万元整	
打印次数：1次	记账日期：2024年12月28日			会计流水号：	

凭证87-3

工商银行电子回单

回单编号：	回单类型：支付结算		业务名称：自动入账	
凭证种类：	凭证号码：		借贷标志：借	回单格式码：
付款人账号：				
付款人名称：武汉光谷机械有限责任公司				
开户行名称：				
收款人账号：				
收款人名称：N公司				
开户行名称：				
币种：人民币	金额：1500000.00		大写金额：壹佰伍拾万元整	
打印次数：1次	记账日期：2024年12月28日		会计流水号：	

凭证88（要求自制）（实训可以统一选择不考虑递延所得税）

2024年年末估计坏账损失

单位：元

年初应收账款余额	10000000.00
年初坏账准备余额	100000.00
特别提示	1—11月未发生和收回坏账
本年发生坏账	
本年收回坏账	
年末应收账款余额	
坏账计提比例	1%
计提坏账准备	
年末坏账准备	
确认递延所得税资产	

凭证89（要求自制）

2024年12月工资分配表

工资标准	总经理18000、部门经理10000、主管4000、其他人员3000		
社保缴费标准	总经理5000、部门经理5000、主管3000、其他人员2000		
项目	人数	工资	缴费基数
一车间管理人员	2个主管、5个一般人员		
一车间生产甲	54个生产人员		
一车间生产乙	36个生产人员		
二车间管理人员	2个主管、5个一般人员		
二车间生产丙	33个生产人员		
二车间生产丁	27个生产人员		
管理部门	1个总经理、5个经理、4个主管、16个一般人员		
销售部门	2个主管、8个一般人员		
合计	200	66万元	

凭证90（要求自制）

2024年年终奖金分配表

奖金标准	总经理3600、部门经理3600、主管2400、其他人员1200	
项目	人数	奖金
一车间管理人员	2个主管、5个一般人员	
一车间生产甲	54个生产人员	
一车间生产乙	36个生产人员	
二车间管理人员	2个主管、5个一般人员	
二车间生产丙	33个生产人员	
二车间生产丁	27个生产人员	
管理部门	1个总经理、5个经理、4个主管、16个一般人员	
销售部门	2个主管、8个一般人员	
合计	200	266400元

凭证91-1

中国工商银行

转账支票存根

30804230

90252055

附加信息

_____

_____

_____

出票日期：2024年12月30日

| 收款人：全体职工 |
| 金额：581065.00 |
| 用途：工资 |

单位主管 孙玲 会计 李冰

凭证91-2

应发工资	660000
代扣三险	47080
代扣一金	29960
代扣个税	1010+5×177=1895
实发工资	581065

凭证92-1

工资薪金累计预扣法——总经理

月份	本月工资	累计收入	累计减除费用	累计专项扣除	累计附加扣除	累计预扣所得	累计预扣税额	已预缴税额	本期预扣税额
1	18000	18000	5000	900	2000	10100	303	—	303
2	18000	36000	10000	1800	4000	20200	606	303	303
3	18000	54000	15000	2700	6000	30300	909	606	303
4	18000	72000	20000	3600	8000	40400	1520	909	611
5	18000	90000	25000	4500	10000	50500	2530	1520	1010
6	18000	108000	30000	5400	12000	60600	3540	2530	1010
7	18000	126000	35000	6300	14000	70700	4550	3540	1010
8	18000	144000	40000	7200	16000	80800	5560	4550	1010
9	18000	162000	45000	8100	18000	90900	6570	5560	1010
10	18000	180000	50000	9000	20000	101000	7580	6570	1010
11	18000	198000	55000	9900	22000	111100	8590	7580	1010
12	18000	216000	60000	10800	24000	121200	9600	8590	1010
12	3600	219600	60000	10800	24000	124800	9960	9600	360

凭证92-2（要求自制）

工资薪金累计预扣法——部门经理

月份	本月工资	累计收入	累计减除费用	累计专项扣除	累计附加扣除	累计预扣所得	累计预扣税额	已预扣税额	本期预扣税额
1	10000	10000	5000	900	1000	3100	93	—	93
2	10000	20000	10000	1800	2000	6200	186	93	93
3	10000	30000	15000	2700	3000	9300	279	186	93
4	10000	40000	20000	3600	4000	12400	372	279	93
5	10000	50000	25000	4500	5000	15500	465	372	93
6	10000	60000	30000	5400	6000	18600	558	465	93
7	10000	70000	35000	6300	7000	21700	651	558	93
8	10000	80000	40000	7200	8000	24800	744	651	93
9	10000	90000	45000	8100	9000	27900	837	744	93
10	10000	100000	50000	9000	10000	31000	930	837	93
11	10000	110000	55000	9900	11000	34100	1023	930	93
12	10000	120000	60000	10800	12000	37200	1200	1023	177
12	3600	123600	60000	10800	12000	40800	1560	1200	360

凭证92-3（实发奖金=266400-6×360=264240）

中国工商银行

转账支票存根

30804230

90252056

附加信息

_____

_____

_____

出票日期：2024年12月30日

收款人：全体职工
金额：264240.00
用途：奖金

单位主管 孙玲 会计 李冰

凭证92-4

个人所得税扣缴申报表（工资奖金下月申报缴纳）

税款所属期限　　　　2024年12月1日至2024年12月30日

序号	姓名	身份证件类型	身份证件号码	纳税人识别号	是否为非居民个人	所得项目	本月（次）情况														累计情况									减按计税比例	累计准予扣除的捐赠额	税款计算							备注
							收入额计算				专项扣除				其他扣除						累计收入额	累计减除费用	累计专项扣除	累计专项附加扣除					累计其他扣除										
							收入	费用	免税收入	减除费用	基本养老保险费	基本医疗保险费	失业保险费	住房公积金	年金	商业健康保险	税延养老保险	财产原值	允许扣除的税费	其他				子女教育	赡养老人	住房贷款利息	住房租金	继续教育				应纳税所得额	税率预扣率	速算扣除数	应纳税额	减免税额	已缴税额	应补退税额	
1	2	3	4	5	6	7	8	9	10	11	12	13	14	15	16	17	18	19	20	21	22	23	24	25	26	27	28	29	30	31	32	33	34	35	36	37	38	39	40
	合计																																						

谨声明：本表是根据国家税收法律法规及相关规定填报的，是真实的、可靠的、完整的。

扣缴义务人（签章）：　　　　　　　　　　　　　　　　　　　　　　　2025 年 1 月 10 日

凭证93（要求自制）

2024年12月工会经费明细表

单位：元

部门＼项目	明细	职工人数	工资	年终奖金	合计	工会经费
一车间	甲生产人员	54	162000	64800		
	乙生产人员	36	108000	43200		
	车管人员	7	23000	10800		
二车间	丙生产人员	33	99000	39600		
	丁生产人员	27	81000	32400		
	车管人员	7	23000	10800		
管理部门		26	132000	50400		
销售部门		10	32000	14400		
合计		200	660000	266400		

凭证94（要求自制）

2024年12月社会保险和住房公积金明细表

单位：元

部门 \ 项目	明细	职工人数	缴费基数	企业负担保险30%	企业负担公积7%	个人负担保险11%	个人负担住房公积7%
一车间	甲生产人员	54	108000	32400	7560	11880	7560
	乙生产人员	36	72000	21600	5040	7920	5040
	车管人员	7	16000	4800	1120	1760	1120
二车间	丙生产人员	33	66000	19800	4620	7260	4620
	丁生产人员	27	54000	16200	3780	5940	3780
	车管人员	7	16000	4800	1120	1760	1120
管理部门		26	74000	22200	5180	8140	5180
销售部门		10	22000	6600	1540	2420	1540
合计							

凭证95-1

中华人民共和国
税收通用缴款书

隶属关系　　　（20101）鄂国缴工

注册类型　　　填发日期2024年12月30日　　　　　征收机关：东湖税务

缴款单位	代码	420044444466661236	科目	工会经费代收
	全称	武汉光谷机械有限责任公司	科目代码	省级
	开户银行	工商银行东湖支行	级次	
	账号	128333333388888	收缴国库	
所属日期：2024年12月			缴款期限：2024年12月30日	
品目名称	职工工资总额	拨缴比例	应缴金额	实缴金额
	926400.00	2%×40%	7411.20	7411.20
金额合计	大写：柒仟肆佰壹拾壹元贰角整		小写：7411.20	
缴款单位（人）（盖章）经办人（章）	税务机关（盖章）填票人：网上申报用户		上列款项已核对记入收款单位	备注

凭证95-2

转账日期：2024年12月30日	
纳税人全称及识别号　武汉光谷机械有限责任公司42004444466661236	
付款人全称：武汉光谷机械有限责任公司	
付款人账号：128333333388888	征收机关名称：东湖税务
付款人开户银行：工商银行	收款国库（银行）名称
小写（合计）金额：7411.20	缴款书交易流水号
大写（合计）金额：柒仟肆佰壹拾壹元贰角整	税票号码：
税（费）种名称	所属时期	实缴金额
工会经费	2024年12月	7411.20

凭证95-3

工会经费收入专用收据

国财1003080　　　　　　　　　　　　　　　　No：

交款单位	武汉光谷机械有限责任公司	第二联收据联
交款项目	2024年　12　月　　工会经费	
缴款金额	人民币（大写）：佰×拾壹万壹仟壹佰壹拾陆元捌角零分	
	￥11116.80	
收款单位：武汉光谷机械有限责任公司工会　　　　收款人		
公章　　　　　　　　　　　盖章　　　　2024年12月30日		

凭证95-4

回单编号：	回单类型：支付结算	业务名称：自动入账	
凭证种类：	凭证号码：	借贷标志：借	回单格式码：
付款人账号：			
付款人名称：武汉光谷机械有限责任公司			
开户行名称：			
收款人账号：			
收款人名称：武汉光谷机械有限责任公司工会			
开户行名称：			
币种：人民币	金额：11116.80	大写金额：壹万壹仟壹佰壹拾陆元捌角整	
打印次数：1次	记账日期：	会计流水号：	

凭证96

应付账款——东湖公司汇兑损益

外币	汇率	人民币
40000美元	发生时汇率6.5	260000元
40000美元	期末汇率6.58	263200元
汇兑损益		3200元

凭证97

2024年	南湖公司盈利30万元	权益法核算；持股比例40% 确认投资收益30×40%=12万元
2024年	东湖公司盈利80万元	成本法核算；持股比例80% 不确认投资收益

凭证98-1（要求自制）

材料成本差异计算表

单位：元

类别	期初结存		本月入库		合计		成本差异率
	计划成本	成本差异	计划成本	成本差异	计划成本	成本差异	
原材料							
计算过程							
发出材料负担的差异							

凭证98-2（要求自制）

材料耗用汇总表

企业名称：武汉光谷　　　　　2024年12月31日　　　　　单位：元

领用部门	会计科目	计划成本					合计	差异额
		材料—A	材料—B	材料—C	材料—D	材料—E		
一车间	生产—甲							
	生产—乙							
	制造费用（一）							
二车间	生产—丙							
	生产—丁							
	制造费用（二）							
盘亏	待处理财产损溢							
合计								

凭证99-1（要求自制）

周转材料成本差异计算表

单位：元

类别	期初结存		本月入库		合计		成本差异率
	计划成本	成本差异	计划成本	成本差异	计划成本	成本差异	
周转材料							
计算过程							
发出周转材料负担的差异							

凭证99-2（要求自制）

周转材料耗用汇总表

企业名称：武汉光谷 　　　　　　　2024年12月31日 　　　　　　　单位：元

领用部门	会计科目	计划成本			合计	差异额
		劳保	工具	包装物		
一车间	制造费用					
二车间	生产-丙					
	生产-丁					
	制造费用					
合计						

凭证100-1

财产清查结果的处理

2024年12月31日

项目	D材料
盘点结果	盘亏4件
原因	计量差错
处理意见 建议作管理费用处理 签字：孙玲	审批结果 作管理费用处理 签字：钱景 盖章：

凭证101（要求自制）

一车间制造费用分配表

2024年12月31日 　　　　　　　　　　　　　　　　　　　单位：元

分配对象	工资	分配比例	分配额
半成品甲	162000	60%	
半成品乙	108000	40%	
合计	270000	100%	

凭证102（要求自制）

二车间制造费用分配表

2024年12月31日 单位：元

分配对象	工资	分配比例	分配额
丙产品	99000	55%	
丁产品	81000	45%	
合计	180000	100%	

凭证103-1

一车间半成品甲相关资料

单位：元

项目名称	半成品甲
月初在产品成本43.72654	直接材料30.067、直接人工8.2404、制造费用5.41914
月初在产品	400
本月投产	600
本月完工	800
月末在产品	200
月末在产品完工率	50%
月末在产品投料率	100%
分配方法	采用约产量法计算完工产品成本
本月累计转入二车间数量	800

凭证103-2（要求自制）

甲产品成本计算单

甲期初在产品：400件 本月投产：600件   完工：800件   在产品：200件

单位：万元

成本项目		直接材料	直接人工	制造费用	合计
月初在产品成本		30.067	8.2404	5.41914	43.72654
本月生产费用					
生产费用合计					
完工半成品	总成本				
	单位成本				
月末在产品成本					

会计主管　　孙玲　　　　　　　　　　复核　　　　　　　　　　制表　张涵

凭证104-1

一车间半成品乙相关资料

单位：件

项目名称	半成品乙
月初在产品成本23.63136	直接材料19.34、直接人工2.6636、制造费用1.62776
月初在产品	300
本月投产	1000
本月完工	1200
月末在产品	100
月末在产品完工率	50%
月末在产品投料率	100%
分配方法	采用约产量法计算完工产品成本
本月累计转入二车间数量	1200

凭证104-2（要求自制）

乙产品成本计算单

乙期初在产品：300件　本月投产：1000件　完工：1200件　在产品：100件

单位：万元

成本项目		直接材料	直接人工	制造费用	合计
月初在产品成本		19.34	2.6636	1.62776	23.63136
本月生产费用					
生产费用合计					
完工半成品	总成本				
	单位成本				
月末在产品成本					

会计主管　孙玲　　　　　复核　　　　　制表　张涵

凭证105-1

二车间丙产品相关资料

单位：件

项目名称	丙产品
月初在产品成本83.733745	直接材料73.8184、直接人工5.4208、制造费用4.494545
月初在产品数量	400
本月投产	800
本月完工入库	1000
月末在产品	200
月末在产品完工率	50%
月末在产品投料率	100%
分配方法	采用约产量法计算完工产品成本

凭证105-2（要求自制）

丙产品成本计算单

丙期初在产品：400件　本月投产：800件　完工：1000件　在产品：200件

单位：万元

成本项目		直接材料	直接人工	制造费用	合计
月初在产品成本		73.8184	5.4208	4.494545	83.733745
上步转入费用		113.6936			113.6936
本月生产费用					
生产费用合计					
完工产品	总成本				
	单位成本				
月末在产品成本					

会计主管　孙玲　　　　　复核　　　　　制表　张涵

269

凭证105-3（要求自制）

完工产品成本

2024年12月31日　　　　　　编号

编号	名称规格	单位	入库数量	直接材料	直接人工	制造费用	总成本	单位成本
1	丙产品	件						
合计								

会计主管：孙玲　　　　仓库主管：　　　　仓库保管：　　　经发：　　制单：张涵

凭证106-1

二车间丁产品相关资料

单位：件

项目名称	丁产品
月初在产品成本37.630555	直接材料30.088、直接人工3.9552、制造费用3.587355
月初在产品数量	200
本月投产	1200
本月完工入库	1000
月末在产品	400
月末在产品完工率	50%
月末在产品投料率	100%
分配方法	采用约产量法计算完工产品成本

凭证106-2（要求自制）

丁产品成本计算单

丁期初在产品：200件　本月投产1200件　完工：1000件　在产品：400件

单位：万元

成本项目		直接材料	直接人工	制造费用	合计
月初在产品成本		30.088	3.9552	3.587355	37.630555
上步转入费用		117.24			117.24
本月生产费用					
生产费用合计					
完工产品	总成本				
	单位成本				
月末在产品成本					

会计主管　孙玲　　　　　　　　　　复核　　　　　　　　制表　张涵

凭证106-3（要求自制）

完工产品成本

2024年12月31日　　单位：万元　　编号

编号	名称规格	单位	入库数量	直接材料	直接人工	制造费用	总成本	单位成本
2	丁产品	件						
合计								

会计主管：孙玲　　　仓库主管：　　　仓库保管：　　　经发：　　制单：张涵

凭证107（要求自制）

丙产品销售成本计算表

单位：万元

产品名称	单位	月初结存		本月入库		本月销售		期末结存	
		数量	总成本	数量	总成本	数量	总成本	数量	总成本
丙产品	件	300	69.36	1000		1200		100	
先进先出法计算过程	销售成本=　　　　　　　　　结存存货=							备注	

凭证108（要求自制）（实训可以统一选择不考虑递延所得税）

丁产品销售成本计算表

单位：万元

产品名称	单位	月初结存		本月入库		本月销售		期末结存	
		数量	总成本	数量	总成本	数量	总成本	数量	总成本
丁产品	件	201	34.7328	1000		1000		200	
先进先出法计算过程	应收退货成本=						备注	退货率3%，盘亏1件1728元	
	销售成本=								
	结存存货=								
	预计负债=								
	暂时性差异=								

凭证109-1

固定资产移交验收单

保管使用部门　　2024年12月31日

固定资产编号	固定资产名称	规格型号	计量单位	数量	原值	预计使用年限	制造厂商或施工方式
	仓库				440万元	20年	
固定资产管理部门意见			财会部门验收意见		使用保管验收签章		

固定资产管理部门负责人：　　　　　　　项目负责人：　　　　制单：张涵

凭证109-2

工程竣工验收单

工程名称	仓库			
工程地址				
施工方	山河公司	验收时间	2024年12月31日	
验收项目				
序号	验收项目名称	验收结果		
1		□合格		□不合格
2		□合格		□不合格
3		□合格		□不合格
4		□合格		□不合格
5		□合格		□不合格
验收意见		合格		
验收人员会签栏		合格		
验收单位意见		合格，验收通过		

凭证110（要求自制）（实训可以统一选择不考虑递延所得税）

其他权益工具投资

时间	2024年12月31日
股票代码	0800××
股票名称	三峡公司
股票数量	100000股
每股市价	9.01元
公允价值	90.1（万元）
计税基础	80.1（万元）
账面价值	90.1（万元）
应纳税（可抵扣）暂时性差异	
递延所得税负债（资产）	
借（贷）其他综合收益	

凭证111-1

增值税发票勾选认证

发票认证是指本企业购进，用于在生产或在销售的商品及原材料收到的增值税专用发票，根据进行进项税抵扣的需要进行认证。发票认证的方式：（1）通过扫描或键盘录入的方法将增值税专用发票抵扣联的主要信息上传经过比对后认证；（2）在增值税勾选确认平台进行勾选确认。

增值税最大的特点之一是凭票抵扣，然而只有在申报前通过认证的增值税发票才能抵扣。发票抵扣勾选是对用于办理进项抵扣用途的发票进行勾选确认与统计签名。通过税控设备开具的发票点击【增值税发票管理系统】，通过电子发票服务平台开具的数字化电子发票点击【电子发票服务平台】，不确定发票来源的点击【全部】。

凭证111-2（要求自制）

本月应交增值税计算表

2024年12月31日

单位：元

本月销项税额	本月进项税额	本月进项税额转出	本月应交增值税

会计主管：　　孙玲　　　　　　　　　　　　　　　　　　制单：张涵

凭证111-3（要求自制）

2024年12月增值税及附加税费纳税申报表（适用一般纳税人）

<table>
<tr><td colspan="2">项目</td><td>栏次</td><td>本月数</td></tr>
<tr><td rowspan="10">销售额</td><td>（一）按适用税率征税货物及劳务销售额</td><td>1</td><td></td></tr>
<tr><td>其中：应税货物销售额</td><td>2</td><td></td></tr>
<tr><td>应税劳务销售额</td><td>3</td><td></td></tr>
<tr><td>纳税检查调整的销售额</td><td>4</td><td></td></tr>
<tr><td>（二）按简易征收办法征税货物销售额</td><td>5</td><td></td></tr>
<tr><td>其中：纳税检查调整的销售额</td><td>6</td><td></td></tr>
<tr><td>（三）免、抵、退办法出口货物销售额</td><td>7</td><td></td></tr>
<tr><td>（四）免税货物及劳务销售额</td><td>8</td><td></td></tr>
<tr><td>其中：免税货物销售额</td><td>9</td><td></td></tr>
<tr><td>免税劳务销售额</td><td>10</td><td></td></tr>
<tr><td rowspan="14">税款计算</td><td>销项税额</td><td>11</td><td></td></tr>
<tr><td>进项税额</td><td>12</td><td></td></tr>
<tr><td>上期留抵税额</td><td>13</td><td></td></tr>
<tr><td>进项税额转出</td><td>14</td><td></td></tr>
<tr><td>免抵退货物应退税额</td><td>15</td><td></td></tr>
<tr><td>按适用税率计算的纳税检查应补缴税额</td><td>16</td><td></td></tr>
<tr><td>应抵扣税额合计</td><td>17=12+13-14-15+16</td><td></td></tr>
<tr><td>实际抵扣税额</td><td>18（如17<11，则为17，否则为11）</td><td></td></tr>
<tr><td>应纳税额</td><td>19=11-18</td><td></td></tr>
<tr><td>期末留抵税额</td><td>20=17-18</td><td></td></tr>
<tr><td>简易征收办法计算的应纳税额</td><td>21</td><td></td></tr>
<tr><td>按简易征收办法计算的纳税检查应补缴税额</td><td>22</td><td></td></tr>
<tr><td>应纳税额减征额</td><td>23</td><td></td></tr>
<tr><td>应纳税额合计</td><td>24=19+21-23</td><td></td></tr>
<tr><td rowspan="14">税款缴纳</td><td>期初未缴税额（多缴为负数）</td><td>25</td><td></td></tr>
<tr><td>实收出口开具专用缴款书退税额</td><td>26</td><td></td></tr>
<tr><td>本期已缴税额</td><td>27=28+29+30+31</td><td></td></tr>
<tr><td>①分次预缴税额</td><td>28</td><td></td></tr>
<tr><td>②出口开具专用缴款书预缴税额</td><td>29</td><td></td></tr>
<tr><td>③本期缴纳上期应纳税额</td><td>30</td><td></td></tr>
<tr><td>④本期缴纳欠缴税额</td><td>31</td><td></td></tr>
<tr><td>期末未缴税额（多缴为负数）</td><td>32=24+25+26-27</td><td></td></tr>
<tr><td>其中：欠缴税额（≥0）</td><td>33=25+26-27</td><td></td></tr>
<tr><td>本期应补（退）税额</td><td>34=24-28-29</td><td></td></tr>
<tr><td>即征即退实际退税额</td><td>35</td><td></td></tr>
<tr><td>期初未缴查补税额</td><td>36</td><td></td></tr>
<tr><td>本期入库查补税额</td><td>37</td><td></td></tr>
<tr><td>期末未缴查补税额</td><td>38=16+22+36-37</td><td></td></tr>
<tr><td rowspan="3">附加税费</td><td>城市维护建设税本期应补（退）税额</td><td>39</td><td></td></tr>
<tr><td>教育费附加本期应补（退）费额</td><td>40</td><td></td></tr>
<tr><td>地方教育附加本期应补（退）费额</td><td>41</td><td></td></tr>
</table>

凭证112-1

建设银行存款余额调节表

2024年12月31日

单位：元

银行存款日记账余额　2050500.02	银行对账单余额　2050500.02
加：银行已收企业未收款	加：企业已收银行未收款
减：银行已付企业未付款	减：企业已付银行未付款
调节后余额　　　　2050500.02	调节后余额　　　　2050500.02

凭证112-2

银行存款日记账——工行

2024年		凭证		摘要	结算凭证		借方	贷方	余额
月	日	字	号		种类	号数			
12	23			支付水电费				10300.00	5882879.58
12	24			支付残保金				12000.00	5870879.58
12	25			代垫运输费用				5000.00	5865879.58
12	27			发放股利				3000000.00	2865879.58
12	31			发放工资				581065.00	2284814.58
12	31			发放年终奖金				264240.00	2020574.58
12	31			报销培训费用				18528.00	2002046.58

凭证112-3

中国工商银行对账单

账户：武汉光谷　　　　　　　　　　　　　　　　　账号：

2024年		凭证		摘要	结算凭证		借方	贷方	余额
月	日	字	号		种类	号数			
12	23			支付水电费			10300.00		5882879.58
12	24			支付残保金			12000.00		5870879.58
12	25			代垫运输费用			5000.00		5865879.58
12	27			发放股利			3000000.00		2865879.58
12	31			发放工资			581065.00		2284814.58
12	31			发放年终奖金			264240.00		2020574.58
12	31			报销培训费用			18528.00		2002046.58
12	31			支付托收货款			200000.00		1802046.58
12	31			收到托收货款				300000	2102046.58

凭证112-4（要求自制）

工商银行存款余额调节表

2024年12月31日　　　　　　　　　　　　　　　　　单位：元

银行存款日记账余额	银行对账单余额
加：银行已收企业未收款	加：企业已收银行未收款
减：银行已付企业未付款	减：企业已付银行未付款
调节后余额	调节后余额

凭证112-5（要求自制）

附加税（费）计算表

2024 年 12 月 31 日

城建税以纳税人依法实际缴纳两税税额为计税依据。依法实际缴纳的两税税额是指纳税人依照增值税、消费税相关规定计算的应当缴纳两税税额（不含因进口货物或境外单位和个人向境内销售劳务、服务、无形资产缴纳的两税税额），加上增值税免抵税额，扣除直接减免的两税税额和期末留抵退税退还的增值税税额后的金额。

应税项目	计税依据（增值税）	税（费）率	应纳税（费）额
城市维护建设税			
教育费附加			
地方教育附加			
合计			

会计主管：孙玲　　　　　　　　　　　　　　　制单：张涵

凭证113（要求自制）

2024年12月收入利得科目汇总表

序号	收入利得	金额
1	主营业务收入	
2	投资收益	
3	营业外收入	
合计		

凭证114（要求自制）

2024年12月费用损失科目汇总表

序号	费用损失	金额
1	主营业务成本	
2	税金及附加	
3	资产减值损失	
4	信用减值损失	
5	财务费用	
6	管理费用	
7	销售费用	
8	营业外支出	
9	公允价值变动损益	
10	资产处置损益	
合计		

凭证115-1

计提本月应预交的企业所得税

项目	本月数	本年累计数
利润总额	1100000	7910390
加：特定业务计算的应纳税所得额		
减：不征税收入		
资产加速折旧、摊销（扣除）调减额		
免税收入、减计收入、加计扣除	308830	308830
所得减免		
弥补以前年度亏损		
实际利润额	791170	7601560
税率（25%）		
应纳所得税额	197792.5	1900390

凭证115-2（要求自制）

A200000　中华人民共和国企业所得税月（季）度预缴纳税申报表（A类）

税款所属期间：2024年12月1日至2024年12月31日

预缴方式	□ 按照实际利润额预缴	□ 按照上一纳税年度应纳税所得额平均额预缴	□ 按照税务机关确定的其他方法预缴
企业类型	□ 一般企业	□ 跨地区经营汇总纳税企业总机构	□ 跨地区经营汇总纳税企业分支机构

预缴税款计算

行次	项目	本年累计金额
1	营业收入	
2	营业成本	
3	利润总额	
4	加：特定业务计算的应纳税所得额	
5	减：不征税收入	
6	减：资产加速折旧、摊销（扣除）调减额（填写 A201020）	
7	减：免税收入、减计收入、加计扣除（7.1+7.2+…）	
7.1	（填写优惠事项名称）	
7.2	（填写优惠事项名称）	
8	减：所得减免（8.1+8.2+…）	
8.1	（填写优惠事项名称）	
8.2	（填写优惠事项名称）	
9	减：弥补以前年度亏损	
10	实际利润额（3+4-5-6-7-8）\ 按照上一纳税年度应纳税所得额平均额确定的应纳税所得额	
11	税率（25%）	
12	应纳所得税额（9×10）	
13	减：减免所得税额（13.1+13.2+…）	
13.1	（填写优惠事项名称）	
13.2	（填写优惠事项名称）	
14	减：实际已缴纳所得税额	
15	减：特定业务预缴（征）所得税额	
16	本期应补（退）所得税额（11-12-13-14）\ 税务机关确定的本期应纳所得税额	

汇总纳税企业总分机构税款计算

17	总机构填报	总机构本期分摊应补（退）所得税额（17+18+19）	
18		其中：总机构分摊应补（退）所得税额（15×总机构分摊比例___%）	
19		财政集中分配应补（退）所得税额（15×财政集中分配比例___%）	
20		总机构具有主体生产经营职能的部门分摊所得税额（15×全部分支机构分摊比例___%×总机构具有主体生产经营职能部门分摊比例___%）	
21	分支机构填报	分支机构本期分摊比例	
22		分支机构本期分摊应补（退）所得税额	

实际缴纳企业所得税计算

23	减：民族自治地区企业所得税地方分享部分： □ 免征 □ 减征：减征幅度_____%）	本年累计应减免金额 [（12-13-15）×40%×减征幅度]	
24	实际应补（退）所得税额		

凭证116-1（要求自制）

A100000 中华人民共和国企业所得税年度纳税申报表（A类）

行次	项目	金额
1	一、营业收入（填写A101010\101020\103000）	
2	减：营业成本（填写A102010\102020\103000）	
3	减：税金及附加	
4	减：销售费用（填写A104000）	
5	减：管理费用（填写A104000）	
6	减：财务费用（填写A104000）	
7	减：资产减值损失	
8	加：公允价值变动收益	
9	加：投资收益	
10	二、营业利润（1-2-3-4-5-6-7+8+9）	
11	加：营业外收入（填写A101010\101020\103000）	
12	减：营业外支出（填写A102010\102020\103000）	
13	三、利润总额（10+11-12）	
14	减：境外所得（填写A108010）	
15	加：纳税调整增加额（填写A105000）	
16	减：纳税调整减少额（填写A105000）	
17	减：免税、减计收入及加计扣除（填写A107010）	
18	加：境外应税所得抵减境内亏损（填写A108000）	
19	四、纳税调整后所得（13-14+15-16-17+18）	
20	减：所得减免（填写A107020）	
21	减：弥补以前年度亏损（填写A106000）	
22	减：抵扣应纳税所得额（填写A107030）	
23	五、应纳税所得额（19-20-21-22）	
24	税率（25%）	
25	六、应纳所得税额（23×24）	
26	减：减免所得税额（填写A107040）	
27	减：抵免所得税额（填写A107050）	
28	七、应纳税额（25-26-27）	
29	加：境外所得应纳所得税额（填写A108000）	
30	减：境外所得抵免所得税额（填写A108000）	
31	八、实际应纳所得税额（28+29-30）	
32	减：本年累计实际已缴纳的所得税额	
33	九、本年应补（退）所得税额（31-32）	
34	其中：总机构分摊本年应补（退）所得税额（填写A109000）	
35	财政集中分配本年应补（退）所得税额（填写A109000）	
36	总机构主体生产经营部门分摊本年应补（退）所得税额（填写A109000）	
37	减：民族自治地区企业所得税地方分享部分：（□ 免征 □ 减征：减征幅度_____%）	
38	十、本年实际应补（退）所得税额（33-37）	

凭证116-2（要求自制）

纳税调整项目明细表

行次	项目	账载金额	税收金额	调增金额	调减金额
		1	2	3	4
1	一、收入类调整项目（2+3+…8+10+11）	*	*		
2	（一）视同销售收入（填写A105010）	*			*
3	（二）未按权责发生制原则确认的收入（填写A105020）				
4	（三）投资收益（填写A105030）				
5	（四）按权益法核算长期股权投资对初始投资成本调整确认收益	*	*	*	
6	（五）交易性金融资产初始投资调整	*	*		*
7	（六）公允价值变动净损益		*		
8	（七）不征税收入	*	*		
9	其中：专项用途财政性资金（填写A105040）	*	*		
10	（八）销售折扣、折让和退回				
11	（九）其他				
12	二、扣除类调整项目（13+14+…24+26+27+28+29+30）	*	*		
13	（一）视同销售成本（填写A105010）	*		*	
14	（二）职工薪酬（填写A105050）				
15	（三）业务招待费支出				*
16	（四）广告费和业务宣传费支出（填写A105060）	*	*		
17	（五）捐赠支出（填写A105070）				
18	（六）利息支出				
19	（七）罚金、罚款和被没收财物的损失		*		*
20	（八）税收滞纳金、加收利息		*		*
21	（九）赞助支出		*		*
22	（十）与未实现融资收益相关在当期确认的财务费用				
23	（十一）佣金和手续费支出				*
24	（十二）不征税收入用于支出所形成的费用	*	*		*
25	其中：专项用途财政性资金用于支出所形成的费用（填写A105040）	*	*		*
26	（十三）跨期扣除项目				
27	（十四）与取得收入无关的支出		*		*
28	（十五）境外所得分摊的共同支出	*	*		*
29	（十六）党组织工作经费				
30	（十七）其他				

行次	项目	账载金额	税收金额	调增金额	调减金额
		1	2	3	4
31	三、资产类调整项目（32+33+34+35）	*	*		
32	（一）资产折旧、摊销（填写A105080）				
33	（二）资产减值准备金		*		
34	（三）资产损失（填写A105090）				
35	（四）其他				
36	四、特殊事项调整项目（37+38+…+42）	*	*		
37	（一）企业重组及递延纳税事项（填写A105100）				
38	（二）政策性搬迁（填写A105110）	*	*		
39	（三）特殊行业准备金（填写A105120）				
40	（四）房地产开发企业特定业务计算的纳税调整额（填写A105010）	*			
41	（五）合伙企业法人合伙人应分得的应纳税所得额				
42	（六）发行永续债利息支出				
43	（七）其他	*	*		
44	五、特别纳税调整应税所得	*	*		
45	六、其他	*	*		
46	合计（1+12+31+36+43+44）	*	*		

凭证116-3（要求自制）（实训选择统一不考虑递延所得税的，直接计提汇算清缴应补税额1万元）

<h1 style="text-align:center">计提汇算清缴时应补缴的企业所得税</h1>

企业所得税年度纳税申报表填报表单	
企业所得税年度纳税申报基础信息表、中华人民共和国企业所得税年度纳税申报表（A类）、收入明细表、成本支出明细表、事业单位、民间非营利组织收入、支出明细表、期间费用明细表、纳税调整项目明细表、企业所得税弥补亏损明细表、优惠明细表、境外所得税收抵免明细表、跨地区经营汇总纳税企业年度分摊企业所得税明细表	
一般企业填报企业所得税年报表的基本次序： ①企业基础信息表；②一般企业收入明细表；③一般企业成本支出明细表；④期间费用明细表；⑤主表的第3、7、8、9行；⑥纳税调整项目明细表；⑦企业所得税弥补亏损明细表；⑧主表。纳税申报先填附表，再填主表	
填完附表后主表会自动生成，不会自动生成的地方手工填写	
全年实现利润	791.039
纳税调增：	16+5+7.02=28.02
纳税调减：	28+12+2.883+5.28=48.163
应纳所得税额	770.896
应纳所得税	192.724
全年预缴所得税	190.039
需补缴所得税	2.685

凭证116-4（要求自制）

A107010　免税、减计收入及加计扣除优惠明细表

行次	项目	金额
1	一、免税收入（2+3+6+7+…+16）	
2	（一）国债利息收入免征企业所得税	
3	（二）符合条件的居民企业之间的股息、红利等权益性投资收益免征企业所得税（填写A107011）	
4	其中：内地居民企业通过沪港通投资且连续持有H股满12个月取得的股息红利所得免征企业所得税（填写A107011）	
5	内地居民企业通过深港通投资且连续持有H股满12个月取得的股息红利所得免征企业所得税（填写A107011）	
6	（三）符合条件的非营利组织的收入免征企业所得税	
7	（四）符合条件的非营利组织（科技企业孵化器）的收入免征企业所得税	
8	（五）符合条件的非营利组织（国家大学科技园）的收入免征企业所得税	
9	（六）中国清洁发展机制基金取得的收入免征企业所得税	
10	（七）投资者从证券投资基金分配中取得的收入免征企业所得税	
11	（八）取得的地方政府债券利息收入免征企业所得税	
12	（九）中国保险保障基金有限责任公司取得的保险保障基金等收入免征企业所得税	
13	（十）中央电视台的广告费和有线电视费收入免征企业所得税	
14	（十一）中国奥委会取得北京冬奥组委支付的收入免征企业所得税	
15	（十二）中国残奥委会取得北京冬奥组委分期支付的收入免征企业所得税	
16	（十三）其他	
17	二、减计收入（18+19+23+24）	
18	（一）综合利用资源生产产品取得的收入在计算应纳税所得额时减计收入	
19	（二）金融、保险等机构取得的涉农利息、保费减计收入（20+21+22）	
20	1.金融机构取得的涉农贷款利息收入在计算应纳税所得额时减计收入	
21	2.保险机构取得的涉农保费收入在计算应纳税所得额时减计收入	
22	3.小额贷款公司取得的农户小额贷款利息收入在计算应纳税所得额时减计收入	
23	（三）取得铁路债券利息收入减半征收企业所得税	
24	（四）其他	
25	三、加计扣除（26+27+28+29+30）	
26	（一）开发新技术、新产品、新工艺发生的研究开发费用加计扣除（填写A107012）	
27	（二）科技型中小企业开发新技术、新产品、新工艺发生的研究开发费用加计扣除（填写A107012）	
28	（三）企业为获得创新性、创意性、突破性的产品进行创意设计活动而发生的相关费用加计扣除	
29	（四）安置残疾人员所支付的工资加计扣除	
30	（五）其他	
31	合计（1+17+25）	

凭证117（要求自制）

结转所得税费用

序号	项目	金额
1	当期所得税费用	
2	递延所得税费用	
合计	结转所得税费用	

凭证118（要求自制）

2024年计提盈余公积

单位：万元

行次	项目	金额
1	盈余公积的计提基数	
2	10%计提法定盈余公积	
3	10%计提任意盈余公积	

会计主管：孙玲　　　　　　　　　　　　复核：李冰　　制表：张涵

凭证119（要求自制）

2024年本年实现净利润

单位：万元

行次	项目	金额
1	1—11月实现净利润	
2	12月实现净利润	
3	累计实现净利润	

会计主管：孙玲　　　　　　　　　　　　复核：李冰　　制表：张涵

凭证120（要求自制）

2024年利润分配其他明细科目金额

单位：万元

行次	项目	金额
1	提取法定盈余公积	
2	提取任意盈余公积	
3	应付现金股利或利润	
4	转作股本的股利	
5	盈余公积补亏	

会计主管：孙玲　　　　　　　　　　　　复核：李冰　　制表：张涵

第四节　年终财务决算

一、实训项目清单

序号	项目	备注
1	建账	总账、日记账、明细账
2	编制记账凭证	通用记账凭证
3	编制科目汇总表	4份
4	登记账簿	总账、日记账、明细账
5	产品生产成本计算表	2张
6	银行存款余额调节表	2份
7	总账发生额与余额试算平衡表	1份
8	结账	月结、年结
9	编制资产负债表	2024年12月31日
10	编制利润表	2024年12月和2024年
11	编制现金流量表	2024年12月和2024年
12	编制所有者权益变动表	2024年
13	增值税、附加税、地方税纳税申报表	12月
14	企业所得税月（季）度预缴纳税申报表	12月
15	企业所得税年度纳税申报表	2024年
16	熟悉审计报告和鉴证报告	2024年
17	编制财务决算报告	2024年
18	熟悉编制合并报表	2024年
19	熟悉编制小企业财务报表	3张
20	编制实习报告或者参加实训答辩	报告2000字或者2次答辩

二、2024年12月（上旬；中旬；下旬）科目汇总表

单位:元

科目名称	借方 发生额	贷方 发生额	记账	科目名称	借方 发生额	贷方 发生额	记账
库存现金				应付票据			
银行存款				应付账款			
其他货币资金				应付职工薪酬			
交易性金融资产				应交税费			
应收票据				应付利息			
应收账款				应付股利			
预付账款				其他应付款			
应收利息				长期借款			
其他应收款				递延所得税负债			
坏账准备				实收资本			
材料采购				其他综合收益			
原材料				盈余公积			
材料成本差异				本年利润			
库存商品				利润分配			
周转材料				生产成本			
债权投资				制造费用			
其他权益工具投资				主营业务收入			
长期股权投资				公允价值变动损益			
固定资产				投资收益			
累计折旧				主营业务成本			
在建工程				税金及附加			
固定资产清理				销售费用			
无形资产				管理费用			
累计摊销				财务费用			
递延所得税资产				资产处置损益			
待处理财产损溢				信用减值损失			
应收退货成本				营业外支出			
预计负债				所得税费用			
短期借款				发生额合计			—

三、2024年12月发生额与余额试算平衡表

单位:元

总账科目	期初余额		本期发生额		期末余额	
	借方	贷方	借方	贷方	借方	贷方
库存现金						
银行存款						
其他货币资金						
交易性金融资产						
应收票据						
应收账款						
预付账款						
应收利息						
其他应收款						
坏账准备						
材料采购						
原材料						
材料成本差异						
库存商品						
周转材料						
债权投资						
其他权益工具投资						
长期股权投资						
固定资产						
累计折旧						
在建工程						
固定资产清理						
无形资产						
累计摊销						
递延所得税资产						
待处理财产损溢						
应收退货成本						
预计负债						—

续表

总账科目	期初余额		本期发生额		期末余额	
	借方	贷方	借方	贷方	借方	贷方
短期借款						
应付票据						
应付账款						
应付职工薪酬						
应交税费						
应付利息						
应付股利						
其他应付款						
长期借款						
递延所得税负债						
实收资本						
其他综合收益						
盈余公积						
本年利润						
利润分配						
生产成本						
制造费用						
主营业务收入						
公允价值变动损益						
投资收益						
主营业务成本						
税金及附加						
销售费用						
管理费用						
财务费用						
资产处置损益						
信用减值损失						
营业外支出						
所得税费用						
合计						

四、武汉光谷机械有限责任公司资产负债表

单位:元

项目	2021.12.31	2022.12.31	2023.12.31	2024.12.1	2024.12.31
货币资金	2060000	4020000	5040000	4404660.2	
交易性金融资产	0	0	0	530000	
应收票据	11209000	7568000	9833200	10059291	
应收账款	3960000	5940000	9900000	16557200	
应收利息	0	0	0	0	
其他应收款	25000	25000	25000	25000	
存货	2760000	2980000	3560000	3609826	
应收退货成本	0	0	0	0	
流动资产合计	20014000	20533000	28358200	35185977.2	
其他权益工具投资	0	0	0	0	
债权投资	0	0	0	480500	
长期股权投资	0	5500000	5660000	5660000	
固定资产	42072000	39144000	36444800	33766200	
在建工程	0	0	0	2400000	
无形资产	4704000	4608000	4512000	4424000	
递延所得税资产	10000	15000	25000	25000	
长期资产合计	46786000	49267000	46641800	46755700	
资产总计	66800000	69800000	75000000	81941677.2	
短期借款	0	0	0	1000000	
应付票据	1600000	929695	746640	1309577	
应付账款	1792600	1508905	1747960	2209432.7	
应付职工薪酬	158360	158360	158360	158360	
应交税费	422000	576000	720000	629475	
应付利息	750000	750000	750000	650000	
其他应付款	77040	77040	77040	77040	
预计负债	0	0	0	0	
流动负债合计	4800000	4000000	4200000	6033884.7	
长期借款	20000000	20000000	20000000	20000000	

续表

项目	2021.12.31	2022.12.31	2023.12.31	2024.12.1	2024.12.31
递延所得税负债	0	0	0	0	
长期负债合计	20000000	20000000	20000000	20000000	
负债合计	24800000	24000000	24200000	26033884.7	
实收资本	40000000	40000000	40000000	40000000	
其他综合收益	0	0	0	0	
盈余公积	400000	1160000	2160000	2160000	
未分配利润	1600000	4640000	8640000	13747792.5	
权益合计	42000000	45800000	50800000	55907792.5	
负债和权益合计	66800000	69800000	75000000	81904677.2	

五、武汉光谷机械有限责任公司利润表

单位:元

项目	2022年	2023年	2024.1—11	2024.12	2024年
一、营业收入	41409200	43424800	38490000		
减：营业成本	30831000	31217300	25178400		
税金及附加	672000	700000	639247.6		
销售费用	1069500	1398500	914660		
研发费用	0	0	0		
管理费用	1969700	2026000	3617002.4		
财务费用	1567000	1598000	1357800		
加：投资收益	0	160000	−500		
公允价值变动收益	0	0	30000		
信用减值损失	−20000	−40000	0		
资产减值损失	0	0	0		
资产处置收益	0	0	0		
二、营业利润	5280000	6605000	6810390		
加：营业外收入	0	0	0		
减：营业外支出	80000	115000	2000		
三、利润总额	5200000	6490000	6750390		
减：所得税费用	1400000	1490000	1687597.5		

续表

项目	2022年	2023年	2024.1—11	2024.12	2024年
四、净利润	3800000	5000000	5107792.5		
（一）持续经营净利润					
（二）终止经营净利润					
五、其他综合收益					
六、综合收益总额	3800000	5000000	5107792.5		

六、武汉光谷机械有限责任公司现金流量表

单位:元

项目	2022	2023	2024.1—11	2024.12	2024
一、经营活动产生的现金流量					
销售商品、提供劳务收到的现金	50089764	44541816	38010409		
收到其他与经营活动有关的现金					
购买商品、接受劳务支付的现金	23749484	23289540	17608328.8		
支付给职工以及为职工支付的现金	9715440	10272140	9460507		
支付的各项税费	7004840	7519952	7198465		
支付其他与经营活动有关的现金	600000	560000	469198		
经营活动产生的现金流量净额	9020000	2900184	3273910.2		
二、投资活动产生的现金流量					
收回投资收到的现金					
取得投资收益收到的现金					
处置长期资产收回的现金净额		48816			
购建长期资产支付的现金		339000	2428250		
投资支付的现金	5500000		981000		
投资活动产生的现金流量净额	−5500000	−290184	−3409250		
三、筹资活动产生的现金流量					
吸收投资收到的现金					
取得借款收到的现金	2000000	3000000	1000000		
偿还债务支付的现金	2000000	3000000			
分配股利、利润或偿付利息支付的现金	1560000	1590000	1500000		

续表

项目	2022	2023	2024.1—11	2024.12	2024
筹资活动产生的现金流量净额	−1560000	−1590000	−500000		
四、汇率变动对现金及现金等价物的影响					
五、现金及现金等价物净增加额	1960000	1020000	−635339.8		
净利润	3800000	5000000	5107792.5		
加：资产减值准备					
信用减值损失	20000	40000			
固定资产折旧	2928000	2928000	2703600		
无形资产摊销	96000	96000	88000		
处置长期资产的损失（收益以"−"号填列）		28000			
净敞口套期损失（收益以"−"号填列）					
公允价值变动损失（收益以"−"号填列）			−30000		
财务费用（收益以"−"号填列）	1560000	1590000	1400000		
投资损失（收益以"−"号填列）		−160000	500		
递延所得税资产减少（增加以"−"号填列）	−5000	−10000			
递延所得税负债增加（减少以"−"号填列）					
存货的减少（增加以"−"号填列）	−220000	−580000	−49826		
经营性应收项目的减少（增加以"−"号填列）	1641000	−6265200	−6883291		
经营性应付项目的增加（减少以"−"号填列）	−800000	233384	937134.7		
其他					
经营活动产生的现金流量净额	9020000	2900184	3273910.2		

　　列报经营活动现金流量有两种方法。一种是直接法，即以利润表中的营业收入为起算点，调节与经营活动有关的项目的增减变动，然后计算出经营活动产生的现金流量。另一种是间接法，即将净利润调节为经营活动现金流量，实际上就是将按权责发生制原则确定的净利润调整为现金净流入，并剔除投资活动和筹资活动对现金流量的影响。

　　采用工作底稿法编制现金流量表，是以工作底稿为手段，以资产负债表和利润表数据为基础，对每一个项目进行分析并编制调整分录，从而编制现金流量表。采用T型账户法编制现金流量表，是以T型账户为手段，以资产负债表和利润表数据为基础，对每一个项目进行分析并编制调整分录，从而编制现金流量表。在调整分录中，有关现金及现金等价物的事项，并不直接借或贷记现金，而是分别计入"经营活动产生的现金流量""投资活动产生的现金流量""筹资活动产生的现金流量"等项目，借记表明现金流入，贷记表明现金流出。

　　现金流量表的传统编制方法主要有工作底稿法和T型账户法，由于没有平时的数据积累，故年末编表工作量较大，加之报表数据繁杂，调整分录的准确性值得怀疑。一般采用简易的编制方法。

　　分析填列法是直接根据资产负债表、利润表和有关会计科目明细账的记录，分析计算出现金流量表各项目的金额，并据以编制现金流量表的一种方法。第一步，根据资产负债表上货币资金期末数和期初数（一般企业很少有现金等价物），确定"现金及现金等价物的净增加额"；第二步，确定主表的"筹资活动产生的现金流量净额"和"投资活动产生的现金流量净额"；第三步，倒挤出经营活动产生的现金流量净额；第四步，确定补充资料中的"经营活动产生的现金流量净额"，验证经营活动产生的现金流量净额的正确性；第五步，最后确定主表的"经营活动产生的现金流量净额"。

　　销售商品提供劳务收到的现金=销售收入和销项税额+应收账款本期减少额+应收票据本期减少额+预收款项本期增加额+（－）特殊调整业务；购买商品接受劳务支付的现金=销售成本和进项税额+应付账款本期减少额+应付票据本期减少额+预付款项本期增加额+存货本期增加额+（－）特殊调整业务。

　　日记账法是直接根据现金和银行存款日记账或者增设现金流量日记账编制现金流量表的一种方法。现金和现金等价物之间的转换不属于现金流量。

　　编制说明：含税的水电作为购买付现，含税固定资产作为投资付现，含税服务作为经营活动其他付现，代扣代缴个人所得税作为工资付现，手续费作为经营活动其他付现，办公用品作为经营活动其他付现，存货盘亏作为购买付现，现金盘亏作为其他付现，利息收入冲减经营活动其他付现，代垫运费冲减经营活动销售收现，捐赠支出、罚款支出、差旅费、业务招待费、保险费等属于支付的与经营活动有关的其他现金。

　　补充资料：净利润+未减少经营活动现金的费用－未增加经营活动现金的收益+不影响净利润却增加了经营活动现金的项目－不影响净利润却减少了经营活动现金的项目=经营活动产生的现金流量净额

七、武汉光谷机械有限责任公司所有者权益变动表

单位:万元

2021权益变动表	实收资本	资本公积	其他综合收益	盈余公积	未分配利润	所有者权益合计
一、本年年初余额	4000					4000
二、综合收益					200	200
三、提取盈余公积				40	−40	0
四、对所有者分配						
五、本年年末余额	4000			40	160	4200
2022权益变动表	实收资本	资本公积	其他综合收益	盈余公积	未分配利润	所有者权益合计
一、本年年初余额	4000			40	160	4200
二、综合收益					380	380
三、提取盈余公积				76	−76	0
四、对所有者分配						
五、本年年末余额	4000			116	464	4580
2023权益变动表	实收资本	资本公积	其他综合收益	盈余公积	未分配利润	所有者权益合计
一、本年年初余额	4000			116	464	4580
二、综合收益					500	500
三、提取盈余公积				100	−100	0
四、对所有者分配						
五、本年年末余额	4000			216	864	5080
2024权益变动表	实收资本	资本公积	其他综合收益	盈余公积	未分配利润	所有者权益合计
一、本年年初余额						
二、综合收益						
三、提取盈余公积						
四、对所有者分配						
五、本年年末余额						

八、涉税鉴证报告

为完善注册税务师执业规范体系，明确涉税鉴证和涉税服务的业务标准，保障涉税中介服务当事人的合法权益，促进税收专业服务市场的健康发展，税务总局制定了《注册税务师涉税鉴证业务基本准则》和《注册税务师涉税服务业务基本准则》，自2010年1月1日起施行。涉税鉴证是指鉴证人接受委托，凭借自身的税收专业能力和信誉，通过执行规定的程序，依照税法和相关标准，对被鉴证人的涉税事项作出评价和证明的活动。涉税鉴证业务包括纳税申报类鉴证、涉税审批类鉴证和其他涉税鉴证三种类型。

注册税务师承办的涉税鉴证业务包括：①企业所得税汇算清缴纳税申报的鉴证。②企业税前弥补亏损和财产损失的鉴证。③国家税务总局和省税务局规定的其他涉税鉴证业务。

企业在报送企业所得税纳税申报表时，应当按照规定附送财务会计报告和其他有关资料，一般收入超过一千万的企业需要税务师事务所出具鉴证报告。关于财产损失，企业在进行企业所得税年度汇算清缴申报时，可将资产损失申报材料和纳税资料作为企业所得税年度纳税申报表的附件一并向税务机关报送。企业资产损失按其申报内容和要求的不同，分为清单申报和专项申报两种申报形式。其中，属于清单申报的资产损失，企业可按会计核算科目进行归类、汇总，然后再将汇总清单报送税务机关，有关会计核算资料和纳税资料留存备查；专项申报的财产损失需要税务师事务所出具鉴证报告。关于税收优惠，国家制定的各项税收优惠政策，凡未明确为审批事项的，均实行备案管理。列入事先备案的税收优惠，纳税人应向税务机关报送相关资料，提请备案，经税务机关登记备案后执行。审批类和金额较大的备案税收优惠项目可以委托税务师事务所出具鉴证报告。

2024年度企业所得税汇算清缴纳税申报鉴证报告

××鉴字［××］××号

（委托人名称）：武汉光谷机械有限责任公司

我们接受委托，对贵公司编制的2024年度企业所得税汇算清缴纳税申报表进行审核。贵公司的责任是及时提供企业所得税年度纳税申报表及与该项审核相关的证据资料，并保证其真实性、完整性。我们的责任是对企业所得税年度汇算清缴纳税申报所有重大事项的合法性、合规性和准确性发表鉴证意见。我们的审核依据是《中华人民共和国企业所得税法》及其实施条例等相关的法律、法规、规范性文件。在审核过程中，我们恪守独立、客观、公正的原则，按照《企业所得税汇算清缴纳税申报鉴证业务审核程序》的要求，实施了必要的审核程序。

贵公司2024年度的会计报表经××会计师事务所审计，并出具了×××［报告文号］的审计报告，审计后的会计报表反映贵公司2024年度利润总额791.039万元。

经审核，我们认为：贵公司2024年度纳税调整增加额28.02万元，纳税调整减少额48.163万元，纳税调整后所得770.896万元，应纳税额192.724万元，本年累计实际已预缴的所得税额190.039万元，本年应补的所得税额2.685万元。

本鉴证报告仅供贵公司向主管税务机关办理企业所得税汇算清缴纳税申报时使用，不作其他用途。非法律、法规规定，鉴证报告的内容不得提供给其他单位或个人。

附件：（1）鉴证报告说明；
（2）2024年度企业所得税纳税申报表（已审）
（3）2024年度会计报表
（4）税务师事务所执业资格证书复印件

汉江税务师事务所　（盖章）　　　　　中国注册税务师：（盖章）
地址：中国武汉　　　　　　　　　　　报告日期：2025年3月××日

九、审计报告

审计风险=重大错报风险×检查风险。审计风险是指财务报表存在重大错报而注册会计师发表不恰当审计意见的可能性；重大错报风险是指财务报表在审计前存在重大错报的可能性；检查风险是指某一认定存在错报，该错报单独或连同其他错报是重大的，但注册会计师未能发现这种错报的可能性。在既定的审计风险水平下，可接受的检查风险水平与认定层次重大错报风险的评估结果呈反向关系。评估的重大错报风险越高，可接受的检查风险越低；评估的重大错报风险越低，可接受的检查风险越高。审计意见一般分为四种：无保留意见、保留意见、否定意见和无法表示意见。除无保留意见外的其他审计意见都是非无保留意见。

审计报告

武汉光谷机械有限责任公司全体股东：

一、对合并财务报表出具的审计报告

（一）审计意见

我们审计了武汉光谷机械有限责任公司（以下简称光谷公司）的合并财务报表，包括 2024年12月31日的合并资产负债表，2024年度的合并利润表、合并现金流量表、合并股东权益变动表以及相关合并财务报表附注。

我们认为，后附的合并财务报表在所有重大方面按照企业会计准则的规定编制，公允反映了光谷公司2024年12月31日的合并财务状况以及2024年度的合并经营成果和合并现金流量。

（二）形成审计意见的基础

我们按照中国注册会计师审计准则的规定执行了审计工作。审计报告的"注册会计师对财务报表审计的责任"部分进一步阐述了我们在这些准则下的责任。按照中国注册会计师职业道德守则，我们独立于光谷公司，并履行了职业道德方面的其他责任。我们相信，我们获取的审计证据是充分、适当的，为发表审计意见提供了基础。

（三）关键审计事项

关键审计事项是我们根据职业判断，认为对本期合并财务报表审计最为重要的事项。这些事项的应对以对合并财务报表整体进行审计并形成审计意见为背景，我们不对这些事项单独发表意见。

（四）其他信息

按照《中国注册会计师审计准则第1521号——注册会计师对其他信息的责任》的规定报告。

（五）管理层和治理层对合并财务报表的责任

管理层负责按照企业会计准则的规定编制合并财务报表，使其实现公允反映，并设计、执行和维护必要的内部控制，以使合并财务报表不存在由于舞弊或错误导致的重大错报。

在编制合并财务报表时，管理层负责评估光谷公司持续经营能力，披露与持续经营相关的事项（如适用），并运用持续经营假设，除非计划清算光谷公司、停止营运或别无其他现实选择。

治理层负责监督被审计单位的财务报告过程。

（六）注册会计师对合并财务报表审计的责任

我们的目标是对合并财务报表整体是否不存在由于舞弊或错误导致的重大错报获取合理保证，并出具包含审计意见的审计报告。合理保证是高水平的保证，但并不能保证按照审计准则执行的审计在某一重大错报存在时总能被发现。错报可能由于舞弊和错误导致，如果合理预期错报单独或汇总起来可能影响合并财务报表使用者依据财务报表作出的经济决策，则通常认为错报是重大的。

在按照审计准则执行审计工作的过程中，我们运用职业判断，并保持职业怀疑。同时，我们也执行下列工作：

①识别和评估由于舞弊或错误导致的财务报表重大错报风险；对这些风险有针对性地设计和实施审计程序；获取充分、适当的审计证据，作为发表审计意见的基础。②了解与审计相关的内部控制，以设计恰当的审计程序，但目的并非对内部控制的有效性发表意见。③评价管理层选用会计政策的恰当性和作出会计估计及相关披露的合理性。④对管理层使用持续经营假设的恰当性得出结论。⑤评价财务报表的总体列报、结构和内容，并评价财务报表是否公允反映相关交易和事项。

我们与治理层就计划的审计范围、时间安排和重大发现等事项进行沟通，包括沟通我们审计中识别出的值得关注的内部控制缺陷。我们还就已遵守与独立性相关的职业道德要求向治理层提供声明，并与治理层沟通可能被合理认为影响我们独立性的所有关系和事项，以及相关防范措施（如适用）。从与治理层沟通事项中，我们确定哪些事项对本期财务报表审计最为重要，因而构成关键审计事项。

二、按照相关法律法规的要求报告的事项

××会计师事务所　　　　　　　中国注册会计师：×××（项目合伙人）
　（盖章）　　　　　　　　　　　（签名并盖章）
　　　　　　　　　　　　　　　中国注册会计师：×××
　　　　　　　　　　　　　　　　（签名并盖章）
中国××市　　　　　　　　　　2025年3月31日

十、财务分析

财务分析的方法有很多种，主要包括趋势分析法、比率分析法、因素分析法。财务综合分析的方法主要有两种，分别是杜邦财务分析法和沃尔比重评分法。

杜邦财务分析体系是一种实用的财务分析体系，从评价企业绩效最具综合性和代表性的指标——净资产收益率出发，利用各主要财务比率指标间的内在有机联系，对企业财务状况及经济效益进行综合系统分析评价。杜邦体系各主要指标之间的关系如下。

净资产收益率=销售净利率×总资产周转率×权益乘数

沃尔比重评分法的基本步骤：选择评价指标（流动比率、产权比率、固定资产比率、存货周转率、应收账款周转率、固定资产周转率和自有资金周转率）并分配指标权重；确定各项评价指标的标准值；对各项评价指标计分并计算综合分数；形成评价结果。

（一）财务指标

财务指标是指企业总结和评价财务状况和经营成果的相对指标。财务指标包括偿债能力指标、资产负债管理能力指标、盈利能力指标、成长能力指标与现金流量指标。

盈利能力	净资产收益率	=净利润/平均净资产
	总资产净利率	=净利润/平均资产总额
	毛利率	=（主营业务收入–主营业务成本）/主营业务收入
	销售净利率	=净利润/主营业务收入
偿债能力	流动比率	=流动资产总额/流动负债总额
	速动比率	=（流动资产总额–存货）/流动负债总额
	现金比率	=经营活动现金流量/流动负债
	资产负债率	=负债总额/资产总额
	产权比率	=负债总额÷所有者权益
	利息保障倍数	=（利润总额+利息费用）/利息费用
营运能力	应收账款周转率	=销售收入÷平均应收账款
	存货周转率	=主营业务成本/平均存货
	流动资产周转率	=主营业务收入/平均流动资产
	总资产周转率	=主营业务收入/平均资产总额
杜邦分析	权益净利率	=销售净利率×资产周转率×权益乘数
	销售净利率	=净利润÷销售收入
	资产周转率	=销售收入÷总资产
	权益乘数	=总资产÷股东权益

（二）资产负债变动情况分析表（单位：元）

资产	本期	上期	增（减）额	增（减）率（%）	负债权益	增（减）额	增（减）率（%）
流动资产					流动负债		
					非流动负债		
非流动资产					负债合计		
					所有权益		
资产总计					负债和权益总计		

（三）利润表变动情况分析表（单位：元）

项目	本期金额	上期金额	增（减）额	增（减）率（%）
一、营业收入				
减：营业成本				
税金及附加				
销售费用				
管理费用				
财务费用				
加：投资收益				
公允价值变动收益				
信用减值损失				
资产减值损失				
资产处置收益				
二、营业利润				
加：营业外收入				
减：营业外支出				
三、利润总额				
减：所得税费用				
四、净利润				
五、其他综合收益				
六、综合收益总额				

（四）现金流量表变动情况分析表（单位：元）

项目	本期金额	上期金额	增（减）额	增(减)率(%)
一、经营活动产生的现金流量净额				
流入合计				
流出合计				
二、投资活动产生的现金流量净额				
流入合计				
流出合计				
三、筹资活动产生的现金流量净额				
流入合计				
流出合计				
四、现金及现金等价物净增加额				

第五节　编制合并报表

一、相关资料

（一）子公司资产负债表

编制单位：东湖公司　　　　会企 01 表　　2024年12月31日　　　　单位：万元

资产	期初	期末	负债和权益	期初	期末
货币资金	136.5	167.5	应付票据	40	70
应收票据	30	60	应付账款	80	150
应收账款	118.8	198	应付职工薪酬	10	10
其他应收款			应交税费	2	7
存货	50	100	应付利息	18	18
流动资产合计	335.3	525.5	流动负债合计	150	255
长期投资			长期借款	300	300
固定资产	566.4	528	长期负债合计	300	300

资产	期初	期末	负债和权益	期初	期末
在建工程			负债合计	450	555
无形资产	98	96	实收资本	500	500
开发支出			盈余公积	10	26
递延所得税资产	0.3	0.5	未分配利润	40	69
长期资产合计	664.7	624.5	所有者权益合计	550	595
资产总计	1000	1150	负债和权益合计	1000	1150

（二）子公司利润表

编制单位：东湖公司　　　　　会企 02 表　2024年　　　　　单位：万元

项目	2020年	2021年
一、营业收入	600	640
减：营业成本	420	448
税金及附加	2.8	4.2
销售费用	30	15
管理费用	56	42
财务费用	20	20
加：投资收益	0	0
公允价值变动损益		
信用减值损失	−1.2	−0.8
资产减值损失		
资产处置收益		
二、营业利润	70	110
加：营业外收入	0	0
减：营业外支出	0	0
三、利润总额	70	110
减：所得税费用	20	30
四、净利润	50	80
五、其他综合收益		
六、综合收益总额		

（三）子公司现金流量表

编制单位：东湖公司　　　　　　会企 03 表　2024 年　　　　　　单位：万元

项　目	2020	2021
一、经营活动产生的现金流量		
销售商品、提供劳务收到的现金	516.2	638.8
购买商品、接受劳务支付的现金	285.7	319.8
支付给职工以及为职工支付的现金	120	120
支付的各项税费	40	70
支付其他与经营活动有关的现金	34	45
经营活动产生的现金流量净额	36.5	84
二、投资活动产生的现金流量		
处置长期资产收回的现金净额	0	0
购建长期资产支付的现金	200	0
投资活动产生的现金流量净额	−200	0
三、筹资活动产生的现金流量		
取得借款收到的现金	300	0
分配股利、利润或偿付利息支付的现金	0	53
筹资活动产生的现金流量净额	300	−53
四、汇率变动对现金及现金等价物的影响		
五、现金及现金等价物净增加额	136.5	31
净利润	50	80
加：信用减值准备	1.2	0.8
固定资产折旧	33.6	38.4
无形资产摊销	2	2
处置长期资产的损失	0	0
财务费用（收益以"−"号填列）	18	18
存货的减少（增加以"−"号填列）	−50	−50

项　目	2020	2021
递延所得税资产减少（增加以"−"号填列）	−0.3	−0.2
经营性应收项目的减少（增加以"−"号填列）	−150	−110
经营性应付项目的增加（减少以"−"号填列）	132	105
经营活动产生的现金流量净额	36.5	84

（四）子公司所有者权益变动表

编制单位：东湖公司　　　会企 04 表　　2024年　　　　　单位：万元

2023年	实收资本	盈余公积	未分配利润	所有者权益合计
一、本年年初余额	500	0	0	500
二、综合收益			50	50
三、提取盈余公积		10	−10	0
四、对所有者的分配				
五、本年年末余额	500	10	40	550
2024年	实收资本	盈余公积	未分配利润	所有者权益合计
一、本年年初余额	500	10	40	550
二、净利润			80	80
三、提取盈余公积		16	−16	0
四、对所有者的分配			−35	−35
五、本年年末余额	500	26	69	595

（五）其他相关资料

合并财务报表是指由母公司编制的，将母子公司形成的企业集团作为一个会计主体，综合反映企业集团整体财务状况、经营成果和现金流量的报表。合并财务报表是在对纳入合并范围的企业的个别报表数据进行加总的基础上，结合其他相关资料，在合并工作底稿上通过编制抵销分录将企业集团内部交易的影响予以抵销之后形成的。调整分录和抵销分录，借记或贷记的均为财务报表项目，而不是具体的会计科目。调整分录和抵销分录包括将子公司的账面价值调整为公允价值（非同一控制下企业合并）；将对子公司的长期股权投资由成本法调整为权益法；将母公司长期股权投资与子公司所有者权益抵销；将母公司与子公司、子公司相互之间持有对方长期股权投资的投资收益与利润分配抵销；将内部债权债务以及存货、固定资产中包含的未实现内部销售利润抵销。

区分顺流和逆流交易。母公司向子公司出售资产所发生的未实现内部交易损益，应当全额抵销"归属于母公司所有者的净利润"。子公司向母公司出售资产所发生的未实现内部交易损益，应当按照母公司对该子公司的分配比例在"归属于母公司所有者的净利润"和"少数股东损益"之间分配抵销。

2022年12月，光谷公司出资400万元，黄鹤公司出资100万元，共同组建东湖公司。光谷公司拥有东湖公司80%股份，母子公司会计政策和会计期间一致。东湖公司采用余额百分比法计提坏账准备，坏账百分比为1%。2023年东湖公司盈利50万元，2024年分红总额35万元，2024年光谷公司分得现金股利28万元，2024年东湖公司盈利80万元。

2023年年末，光谷公司将一批成本18万的产品卖给东湖公司作固定资产供车间使用，不含税售价24万元，价税合计27.12万元，使用年限10年，净残值率4%，月折旧率0.8%，款项已经结算。

东湖公司毛利率30%。东湖公司2023年销售产品给光谷公司，价款100万元，价税合计113万元，当年收到13万元，光谷公司2023年剩余20%（20万元）未实现对外销售，2023年东湖公司内部应收账款100万元。东湖公司2024年又销售产品给光谷公司，价款100万元，价税合计113万元，当年收到63万元，2024年剩余30万元未实现对外销售，2024年内部应收账款150万元。

合并抵销时，固定资产当期多计提的折旧转到存货的价值中，由于存货在本期对外销售，最终存货的价值又转到当期的销售成本中，即当期多计提的折旧最终反映到当期的销售成本中。

编制合并报表时，将长期股权投资由成本法调整为权益法计算"投资收益"时，仅考虑子公司购买日资产、负债账面价值与公允价值不一致的差额对子公司净利润的影响，而不用考虑内部交易的影响。

二、2023年调整抵销分录

（1）成本法转化为权益法的调整分录，调整后长期股权投资项目为440万元。

借：长期股权投资 400000
贷：投资收益 400000

（2）内部存货交易的抵销：存货账面价值14万元小于计税基础20万元，形成可抵扣的暂时性差异6万元，确认递延所得税资产1.5万元。

借：营业收入 1000000
贷：营业成本 940000
　　存货 60000
借：递延所得税资产 15000

　　贷：所得税费用　　　　　　　　　　　　　　15000

　　（3）内部固定资产交易（顺流）的抵销：账面价值18万元小于计税基础24万元，形成可抵扣的暂时性差异6万元，确认递延所得税资产1.5万元。

　　借：营业收入　　　　　　　　　　　　　　　240000
　　　　贷：营业成本　　　　　　　　　　　　　　180000
　　　　　　固定资产——原价　　　　　　　　　　60000
　　借：递延所得税资产　　　　　　　　　　　　　15000
　　　　贷：所得税费用　　　　　　　　　　　　　15000

　　（4）内部应收账款与应付账款的抵销：可抵扣的暂时性差异转回1万元，减少递延所得税资产0.25万元。

　　借：应付账款　　　　　　　　　　　　　　　1000000
　　　　贷：应收账款　　　　　　　　　　　　　1000000
　　借：应收账款——坏账准备　　　　　　　　　　10000
　　　　贷：信用减值损失　　　　　　　　　　　　10000
　　借：所得税费用　　　　　　　　　　　　　　　2500
　　　　贷：递延所得税资产　　　　　　　　　　　2500

　　（5）母公司长期股权投资与子公司所有者权益的抵销。

　　借：实收资本　　　　　　　　　　　　　　　5000000
　　　　盈余公积　　　　　　　　　　　　　　　100000
　　　　未分配利润——年末　　　　　　　　　　400000
　　　　贷：长期股权投资　　　　　　　　　　　4400000
　　　　　　少数股东权益　　　　　　　　　　　1100000

　　（6）母公司股权投资收益与子公司利润分配抵销。

　　借：投资收益　　　　　　　　　　　　　　　400000
　　　　少数股东损益　　　　　　　　　　　　　100000
　　　　未分配利润——年初　　　　　　　　　　　　0
　　　　贷：提取盈余公积　　　　　　　　　　　100000
　　　　　　对所有者（或股东）的分配　　　　　　　0
　　　　　　未分配利润——年末

　　　　　　　　　　　　　　　　　　　　　　400000

　　（7）抵消逆流交易。

　　子公司的净利润减少=6-1.5-1+0.25=3.75（万元）
　　借：少数股东权益（3.75×20%）　　　　　　　7500
　　　　贷：少数股东损益　　　　　　　　　　　　7500

　　（8）现金流量表的抵销。

　　借：购买商品、接受劳务支付的现金　　　　　　　　　　　130000

贷：销售商品、提供劳务收到的现金   130000

借：购建固定资产、无形资产和其他长期资产支付的现金 27.12

贷：销售商品、提供劳务收到的现金   27.12

三、2023年工作底稿

单位：万元

2023合并 工作底稿	母公司	子公司	合计	调整和抵销分录		少数股东 权益	合并数
				借方	贷方		
应收账款	990	118.8	1108.8	1	100		1009.8
存货	356	50	406		6		400
长期股权投资	566	0	566	40	440		166
固定资产	3644.48	566.4	4210.88		6		4204.88
递延所得税资产	2.5	0.3	2.8	1.5+1.5	0.25		5.55
其他资产	1941.02	264.5	2205.52				2205.52
资产总计	7500	1000	8500	<u>44</u>	<u>552.25</u>		7991.75
应付账款	120	80	200	100			100
递延所得税负债	0	0	0				0
其他负债	2300	370	2670				2670
负债合计	2420	450	2870	<u>100</u>			2770
实收资本	4000	500	4500	500			4000
其他综合收益	0	0	0				0
盈余公积	216	10	226	10			216
未分配利润（见后）							896.5
归属母公司权益							5112.5
少数股东权益						110−0.75	109.25
权益合计	5080	550	5630				5221.75
负债和权益合计	7500	1000	8500				7991.75
营业收入	4342.48	600	4942.48	100+24			4818.48
营业成本	3121.73	420	3541.73		94+18		3429.73
信用减值损失	4	1.2	5.2		1		4.2
投资收益	16	0	16	40	40		16
营业外支出	11.5	0	11.5				11.5
其他开支	572.25	108.8	681.05				681.05
所得税费用	149	20	169	0.25	1.5+1.5		166.25

2023合并 工作底稿	母公司	子公司	合计	调整和抵销分录		少数股东 权益	合并数
				借方	贷方		
净利润	500	50	550	164.25	156		541.75
少数股东损益						10-0.75	9.25
母公司损益							532.5
年初未分配利润	464	0	464				464
提取盈余公积	100	10	110		10		100
对所有者的分配							0
年末未分配利润	864	40	904	40 204.25	40 206	9.25	896.5

四、2024年调整抵销分录

（1）成本法转化为权益法的调整分录，调整后长期股权投资余额项目为476万元。

借：长期股权投资　　　　　　　　400000

贷：未分配利润——年初　　　　　400000

借：投资收益（35×80%）　　　　280000

贷：长期股权投资　　　　　　　　280000

借：长期股权投资（80×80%）　　640000

贷：投资收益　　　　　　　　　　640000

（2）内部存货交易的抵销：期初差异6万元，本期账面价值21万元小于计税基础30万元，期末差异9万元，可抵扣的暂时性差异增加3万元，本期确认递延所得税资产0.75万元。

借：未分配利润——年初　　　　　60000

贷：营业成本　　　　　　　　　　60000

借：递延所得税资产　　　　　　　15000

贷：未分配利润——年初　　　　　15000

借：营业收入　　　　　　　　　1000000

贷：营业成本　　　　　　　　　1000000

借：营业成本　　　　　　　　　　90000

贷：存货　　　　　　　　　　　　90000

借：递延所得税资产　　　　　　　7500

贷：所得税费用　　　　　　　　　7500

（3）内部固定资产交易（顺流）的抵销：期初差异6万元，本期账面价值16.272万元小于计税基础21.696万元，期末差异5.424万元，可抵扣的暂时性差异减少0.576万元，冲销递延所得税资产0.144万元。

借：未分配利润——年初		60000
贷：固定资产——原价		60000
借：递延所得税资产		15000
贷：未分配利润——年初		15000
借：固定资产——累计折旧		5760
贷：营业成本		5760
借：所得税费用		1440
贷：递延所得税资产		1440

（4）内部应收账款与应付账款的抵销：可抵扣的暂时性差异转回0.5万元。减少递延所得税资产0.125万元。

借：应收账款——坏账准备		10000
贷：未分配利润——年初		10000
借：未分配利润——年初		2500
贷：递延所得税资产		2500
借：应付账款		1500000
贷：应收账款		1500000
借：应收账款——坏账准备		5000
贷：信用减值损失		5000
借：所得税费用		1250
贷：递延所得税资产		1250

（5）母公司长期股权投资与子公司所有者权益的抵销。

借：实收资本		5000000
盈余公积		260000
未分配利润——年末		690000
贷：长期股权投资		4760000
少数股东权益		1190000

（6）母公司股权投资收益与子公司利润分配抵销。

借：投资收益		640000
少数股东损益		160000
未分配利润——年初		400000
贷：提取盈余公积		160000
对所有者（或股东）的分配		350000
未分配利润——年末		690000

（7）抵消逆流交易。

子公司的净利润减少=-6+9-0.75-0.5+0.125=1.875（万元）

借：少数股东权益（3.75×20%）　　　　7500

　　贷：未分配利润——年初　　　　　　　7500

借：少数股东权益（1.875×20%）　　　　3750

　　贷：少数股东损益　　　　　　　　　　3750

（8）现金流量表的抵销。

借：购买付现　　　　　　　　　　　　630000

　　贷：销售收现　　　　　　　　　　　630000

借：分配股利、利润或偿付利息支付的现金　280000

　　贷：取得投资收益收到的现金　　　　280000

五、2024年工作底稿

单位：万元

2024合并工作底稿	母公司	子公司	合计	调整和抵销分录		少数股东权益	合并数
				借方	贷方		
应收账款	1485	198	1683	1+0.5	150		1534.5
存货	286.8422	100	386.8422		9		377.8422
长期股权投资	568	0	568	40+64	28+476		168
固定资产	3813.02	528	4341.02	0.576	6		4335.596
递延所得税资产	4.185	0.5	4.685	1.5+0.75+1.5	0.25+0.125+0.144		7.916
其他资产	2234.67342	323.5	2558.17342				2558.17342
资产总计	8391.72062	1150	9541.72062	<u>109.826</u>	<u>669.519</u>		8982762
应付账款	216.42327	150	366.42327	150			216.42327
递延所得税负债	2.5	0	2.5				2.5
其他负债	2785.29735	405	3190.29735				3190.29735
负债合计	3004.22062	555	3559.22062	<u>150</u>			3409.22062
实收资本	4000	500	4500	500			4000
其他综合收益	7.5	0	7.5				7.5
盈余公积	336	26	362	26			336
未分配利润（见后）							1111.432
归属母公司权益							5454.932
少数股东权益						119-0.75-0.375	117.875

续表

2024合并工作底稿	母公司	子公司	合计	调整和抵销分录		少数股东权益	合并数
				借方	贷方		
权益合计	5387.5	595	5982.5				5572.807
负债和权益合计	8391.72062	1150	9541.72062				8982.02762
营业收入	4483.2604	640	5123.2604	100			5023.2604
营业成本	2968.34	448	3416.34	9	6+100+0.576		3318.764
信用减值损失	6	0.8	6.8		0.5		6.3
投资收益	30.683	0	30.683	28+64	64		2.683
营业外支出	10.2	0	10.2				10.2
其他开支	738.3644	81.2	819.5644				819.5644
所得税费用	191.039	30	221.039	0.125+0.144	0.75		220.558
净利润	600	80	680	<u>201.269</u>	<u>171.826</u>		650.557
母公司损益							634.932
少数股东损益						16−0.375	15.625
年初未分配利润	864	40	904	6+0.25+6+40	40+1.5+1+1.5+0.75		896.5
提取盈余公积	120	16	136		16		120
对所有者的分配	300	35	335		35		300
年末未分配利润	1044	69	1113	69 <u>322.519</u>	69 <u>336.576</u>	15.625	1111.432

六、合并现金流量表的工作底稿

单位：万元

合并现金流量表项目	2023 母公司	2023 子公司	2023 合并	2024 母公司	2024 子公司	2024 合并
一、经营活动产生的现金流量						
销售商品劳务收到的现金	4454.1816	516.2	−13 −27.12	4415.547752	638.8	−63
购买商品劳务支付的现金	2328.954	285.7	−13	2113.10608	319.8	−63

合并现金流量表项目	2023 母公司	2023 子公司	2023 合并	2024 母公司	2024 子公司	2024 合并
支付给职工以及为职工支付的现金	1027.214	120		1064.37072	120	
支付的各项税费	750.2336	40		786.5335	70	
支付其他与经营活动有关的现金	56	34		70.223352	45	
经营活动现金流量净额	291.78	36.5	299.3984	380.59132	84	464.59132
二、投资活动产生的现金流量						
收回投资收到的现金				59.85		
取得投资收益收到的现金	0			38		−28
处置长期资产收回的现金净额	4.32			11.639		
购建长期资产支付的现金	35.1	200	−27.12	480.409		
投资支付的现金				178.2		
投资活动现金流量净额	−30.78	−200	−201.8984	−549.12		−577.12
三、筹资活动产生的现金流量						
取得借款收到的现金	300	300		600		
偿还债务支付的现金	300	0		100		
股利利润利息支付的现金	159	0		453	53	−28
筹资活动产生的现金流量净额	−159	300	141	47	−53	22
四、汇率变动对现金及现金等价物的影响						
五、现金净增加额	102	136.5	238.5	−121.52868	31	−90.52868

七、合并资产负债表　会合 01 表

单位:元

资产	期末余额	年初余额	负债和所有者权益	期末余额	年初余额
流动资产:			流动负债:		
货币资金			短期借款		
交易性金融资产			应付票据		
应收票据			应付账款		
应收账款			预收款项		
预付款项			应付职工薪酬		
应收利息			应交税费		
应收股利			应付利息		
其他应收款			其他应付款		
存货			一年内到期的非流动负债		
一年内到期的非流动资产			其他流动负债		
其他流动资产			流动负债合计		
流动资产合计			非流动负债:		
非流动资产:			长期借款		
债权投资			应付债券		
长期应收款			长期应付款		
长期股权投资			预计负债		
其他权益工具投资			递延所得税负债		
投资性房地产			其他非流动负债		
固定资产			非流动负债合计		
在建工程			负债合计		
工程物资			所有者权益:		
固定资产清理			实收资本（股本）		
油气资产			其他权益工具		
无形资产			资本公积		
开发支出			其他综合收益		
商誉			盈余公积		

资产	期末余额	年初余额	负债和所有者权益	期末余额	年初余额
长期待摊费用			未分配利润		
递延所得税资产			归属于母公司所有者权益		
其他非流动资产			少数股东权益		
非流动资产合计			所有者权益合计		
资产总计			负债和所有者权益总计		

八、合并利润表　会合 02 表

单位：元

项目	本期金额	上期金额
一、营业收入		
减：营业成本		
税金及附加		
销售费用		
管理费用		
财务费用		
加：其他收益		
投资收益（损失以"–"号填列）		
公允价值变动收益（损失以"–"号填列）		
信用减值损失（损失以"–"号填列）		
资产减值损失（损失以"–"号填列）		
资产处置损益（损失以"–"号填列）		
二、营业利润（亏损以"–"号填列）		
加：营业外收入		
减：营业外支出		
三、利润总额（亏损总额以"–"号填列）		
减：所得税费用		
四、净利润（净亏损以"–"号填列）		

续表

项目	本期金额	上期金额
归属于母公司所有者的净利润		
少数股东损益		
五、其他综合收益的税后净额		
归属于母公司所有者的其他综合收益		
归属于少数股东的其他综合收益		
六、综合收益总额		
归属于母公司所有者的综合收益总额		
归属于少数股东的综合收益总额		
七、每股收益		
（一）基本每股收益		
（二）稀释每股收益		

九、合并现金流量表　会合 03 表

单位:元

项目	本期金额	上期金额
一、经营活动产生的现金流量		
销售商品、提供劳务收到的现金		
购买商品、接受劳务支付的现金		
支付给职工以及为职工支付的现金		
支付的各项税费		
支付其他与经营活动有关的现金		
经营活动产生的现金流量净额		
二、投资活动产生的现金流量		
收回投资收到的现金		
取得投资收益收到的现金		
处置固定资产、无形资产和其他长期资产收回的现金净额		
处置子公司及其他营业单位收到的现金净额		
购建固定资产、无形资产和其他长期资产支付的现金		

续表

项目	本期金额	上期金额
投资支付的现金		
取得子公司及其他营业单位支付的现金净额		
投资活动产生的现金流量净额		
三、筹资活动产生的现金流量		
吸收投资收到的现金		
其中：子公司吸收少数股东投资收到的现金		
取得借款收到的现金		
发行债券收到的现金		
偿还债务支付的现金		
分配股利、利润或偿付利息支付的现金		
其中：子公司支付给少数股东的股利、利润		
筹资活动产生的现金流量净额		
四、汇率变动对现金及现金等价物的影响		
五、现金及现金等价物净增加额		

十、合并所有者权益变动表　会合 04 表

单位:元

项目	本年金额							上年金额						
	归属于母公司所有者权益					少数股东权益	所有者权益合计	归属于母公司所有者权益					少数股东权益	所有者权益合计
	实收资本	资本公积	其他综合收益	盈余公积	未分配利润			实收资本	资本公积	其他综合收益	盈余公积	未分配利润		
一、上年年末余额														
加：会计政策变更														
前期差错更正														
其他														
二、本年年初余额														
三、本年增减变动金额														
（一）综合收益总额														

续表

项目	本年金额							上年金额						
	归属于母公司所有者权益					少数股东权益	所有者权益合计	归属于母公司所有者权益					少数股东权益	所有者权益合计
	实收资本	资本公积	其他综合收益	盈余公积	未分配利润			实收资本	资本公积	其他综合收益	盈余公积	未分配利润		
(二)所有者投入和减少资本														
1.所有者投入的普通股														
2.其他权益工具持有者投入资本														
3.股份支付计入所有者权益														
4.其他														
(三)利润分配														
1.提取盈余公积														
2.对所有者或股东的分配														
3.其他														
(四)所有者权益内部结转														
1.资本公积转增资本														
2.盈余公积转增资本														
3.盈余公积弥补亏损														
4.设定受益计划结转留存收益														
5.其他综合收益结转留存收益														
6.其他														
四、本年年末余额														

第五章　小企业会计实训

某有限责任公司执行《小企业会计准则》。存货采用实际成本核算，采用月末一次加权平均法，公司生产甲、乙两种产品。采用年限平均法计提折旧。该公司属于增值税一般纳税人，增值税税率13%、城建税税率7%、教育费附加税率3%、地方教育附加税率2%。企业所得税税率为25%，查账征收，月度按实际利润额计算预缴企业所得税，年终汇算清缴。

第一节　账户期初余额

1.银行存款：借方余额4416873，三栏式日记账，工商银行
2.应收票据：借方余额1886000，三栏式明细账，东方公司1000000；南方公司886000
3.应收账款：借方余额4000000，三栏式明细账，中南公司3000000；西北公司1000000
4.其他应收款：借方余额50000，三栏式明细账，销售员30000 ；采购员20000
5.在途物资：借方余额0，三栏式明细账，A、B、C
6.原材料：借方余额151300，数量金额式明细账，材料——A（生产甲）单价805；100件；金额80500；材料——B（生产乙）单价708；100件；金额70800；材料——C（生产丙和丁）金额0
7.生产成本：借方余额398590，多栏式明细账，甲期初在产品100件；直接材料77600；直接人工20760；制造费用7614；合计105974；本月投产600件；完工500件；期末在产品200件；乙期初在产品200件，直接材料241200；直接人工36790；制造费用14626；合计292616；本月投产400件；完工500件；期末在产品100件
8.制造费用：0，多栏式明细账
9.库存商品：借方余额252400，数量金额式，甲50件单价1728，合计86400；乙100件单价1660，合计166000

续表

10.长期股权投资：借方余额1500000，三栏式明细账，汉街公司1500000
11.固定资产：借方余额600万元，三栏式明细账，房屋400万元（管理部门100万元；生产部门250万元；销售部门50万元）；机器设备（生产部门）140万元；运输设备（管理部门）30万元；其他设备30万元（管理部门10万元；生产部门10万元；销售部门10万元）。净残值率4%。房屋使用年限20年；月折旧率0.4%；机器使用设备年限10年；月折旧率0.8%；运输设备和其他设备使用年限5年；月折旧率1.6%
12.累计折旧：贷方余额1288000，可以不设明细账
13.固定资产清理：借方余额0，三栏式明细账
14.无形资产：借方余额1200000，三栏式明细账，土地使用权使用年限40年
15.累计摊销：贷方余额87500，三栏式明细账
16.短期借款：贷方余额2000000，三栏式明细账，建行2000000
17.应付票据：贷方余额45890，三栏式明细账，华东公司20000；华南公司25890
18.应付账款：贷方余额80443，三栏式明细账，华北公司30443；华中公司50000
19.应付职工薪酬：贷方余额444800，三栏式明细账，工资320000；社保102400；住房公积金22400；工会经费0；职工福利费0；保险：单位32%，个人11%；住房公积金：单位7%，个人7%。公司职工100人：总经理每月15000元，部门经理每人每月5000元，一般人员3000元。工资合计32万元。管理部门（1个总经理，2个部门个经理；7个一般人员），销售部门（1个部门经理；6个一般人员），生产部门（1个部门经理；2个一般人员；48人生产甲产品；32人生产乙产品）。缴费基数和工资相等。工会经费2%
20.应交税费：贷方余额268530，三栏式明细账，未交增值税150000；应交城建税10500；应交教育费附加4500；应交地方教育附加3000；应交企业所得税100000；应交房产税0；应交土地税0；应交车船税0；应交个人所得税530；多栏式明细账，应交增值税0
21.应付利息：贷方余额20000，三栏式明细账，短期借款20000
22.应付利润：贷方余额0，三栏式明细账
23.实收资本：贷方余额6000000，三栏式明细账，个人资本6000000
24.盈余公积：贷方余额1099000，三栏式明细账，法定盈余公积549500；任意盈余公积549500
25.本年利润：贷方余额4125000，不设明细账
26.利润分配：贷方余额4396000，三栏式，未分配利润4396000
27.主营业务收入：无余额，三栏式明细账
28.投资收益：无余额，三栏式明细账
29.主营业务成本：无余额，三栏式明细
30.税金及附加：无余额，多栏式明细账：城建税；教育费附加；地方教育附加；印花税；房产税；城镇土地使用税；车船税

31.销售费用：无余额，多栏式明细账
32.管理费用：无余额，多栏式明细账
33.财务费用：无余额，多栏式明细账
34.营业外支出：无余额，多栏式明细账
35.所得税费用：无余额，三栏式明细账
总账余额19855163；期初资产18479663；负债2859663；权益15620000

第二节　模拟经济业务

（1）2024年12月2日，购进A材料600件，单价760元，B材料400件，单价720元，购进C材料1200件，单价495元，取得增值税专用发票，使用转账支票结算，材料采用实际成本核算。

借：在途物资——A材料　　　　　　　　　　456000

　　　　　　——B材料　　　　　　　　　　288000

　　　　　　——C材料　　　　　　　　　　594000

　　应交税费——应交增值税（进项税额）　　173940

　贷：银行存款　　　　　　　　　　　　　1511940

（2）2月4日，采购人员报销差旅费2.6万元。原借支20000元，补给其6000元，开出现金支票。

借：管理费用　　　　　　　　　　　　　　26000

　贷：银行存款　　　　　　　　　　　　　　6000

　　其他应收款　　　　　　　　　　　　　20000

（3）12月5日，代扣个人负担的保险35200元，住房公积金22400元，代扣个人所得税530元，实际发放上月工资261870元。三险一金未转入其他应付款。

借：应付职工薪酬——工资　　　　　　　　262400

　贷：应交税费——应交个人所得税　　　　　530

　　银行存款——工行　　　　　　　　　　261870

（4）12月6日，本月购买的材料验收入库。

借：原材料——A材料　　　　　　　　　　456000

　　原材料——B材料　　　　　　　　　　288000

　　原材料——C材料　　　　　　　　　　594000

　贷：在途物资——A材料　　　　　　　　456000

　　　　　　　——B材料　　　　　　　　288000

| ——C材料 | 594000 |

（5）12月7日，上缴上月企业负担保险102400元，住房公积金22400元，个人负担保险35200元，住房公积金22400元，合计182400元。

借：应付职工薪酬——社保	102400
——住房公积金	22400
——工资	57600
贷：银行存款	182400

工资保险公积计算表

工资：1个总经理每月15000元，专项附加扣除每月2000元，4个部门经理（管理部门2个、销售部门1个、生产部门1个）每人每月5000元，一般人员3000元，工资合计32万元。单位负担五险一金39%（32%+7%）；个人负担三险一金18%（11%+7%）。缴费基数和工资相等。社保：15000×32%=4800；15000×11%=1650；5000×32%=1600；5000×11%=550；3000×32%=960；3000×11%=330。住房：15000×7%=1050；5000×7%=350；3000×7%=210。总经理个税=（15000-5000-2700-2000）×10%-2520-2780=530

项目	管理	销售	车管人员	甲	乙	100人
人数	总1部门2 一般7	部门1 一般6	部门1 一般2	一般48	一般32	合计
工资	46000	23000	11000	144000	96000	320000
单保	14720	7360	3520	46080	30720	102400
单住	3220	1610	770	10080	6720	22400
工会	920	460	220	2880	1920	6400
个保	5060	2530	1210	15840	10560	35200
个住	3220	1610	770	10080	6720	22400
个税	530	0	0	0	0	530

（6）12月8日，申报代缴上月职工的个人所得税530元。

借：应交税费——应交个人所得税	530
贷：银行存款	530

（7）12月9日，购买办公用品价税合计1710元，支付汽油费2000元，取得增值税普通发票，现金支票结算。

借：管理费用	3710
贷：银行存款	3710

（8）12月10日，本期材料领用汇总情况如下：A材料600件（用于生产甲产品）；B材料400件（用于生产乙产品）；C材料1000件（600件用于生产甲产品；400件用于生产乙产品）。采用先进先出法计算发出材料成本。

```
借：生产成本——甲（直接材料）              757500
        ——乙（直接材料）              484800
贷：原材料——A（生产甲）（600件）         460500
        ——B（生产乙）（400件）         286800
        ——C（生产甲乙）（1000件）      495000
```

（9）12月11日，管理人员报销通信费1600元，交通费1400元，车辆修理费3500元，业务招待费9570元，残保金17925元，已用支票结算。

```
借：管理费用                              33995
贷：银行存款                              33995
```

（10）12月12日，土地原值120万，使用年限40年，每月摊销2500元。

```
借：管理费用                               2500
贷：累计摊销                               2500
```

（11）12月12日，经批准，出售车间一台机器设备，原值20万元，累计折旧5.76万元，含税价款11.639万元当日送存银行，结转固定资产清理的净损失3.94万元。

```
借：固定资产清理                         142400
    累计折旧                            57600
贷：固定资产                            200000
借：银行存款                            116390
贷：固定资产清理                        103000
    应交税费——应交增值税（销项）         13390
借：营业外支出                           39400
贷：固定资产清理                         39400
```

（12）12月13日，公司建筑物原值400万元，地价120万元，税法减除的比例30%，计算本季度应交的房产税10920元；占用土地面积1200平方米，年税每平方米2元，计算本季度应交的城镇土地使用税600元；管理部门2辆微型车计算本年应交的车船税600元；购销合同印花税税率0.3‰，计税金额1147万元，本季度经济合同的印花税3441元，印花税下月初缴纳。

```
借：税金及附加                           15561
贷：应交税费——应交房产税                10920
        ——应交城镇土地使用税             600
        ——应交车船税                    600
        ——应交印花税                   3441
```

（13）12月13日，缴纳本季房产税10920元、本季城镇土地使用税600元、本年车船税600元，合计12120元。缴纳残保金17925元。

```
借：应交税费——应交房产税                10920
        ——应交城镇土地使用税             600
```

| | ——应交车船税 | 600 |
| 贷：银行存款 | | 12120 |

（14）12月13日，申报并缴纳上月增值税15万元、城建税10500元、教育费附加4500元、地方教育附加3000元、企业所得税10万元。

借：应交税费——未交增值税		150000
	——应交城建税	10500
	——应交教育费附加	4500
	——应交地方教育附加	3000
	——应交企业所得税	100000
贷：银行存款		268000

（15）12月16日，采用直线法计提固定资产折旧36800元。

借：制造费用	22800
管理费用	10400
销售费用	3600
贷：累计折旧	36800

固定资产折旧计算表

公司房屋原值400万，设备原值200万，净残值率均为4%。建筑物使用年限20年，月折旧率0.4%；机器设备使用年限10年，月折旧率0.8%；运输设备和其他设备使用年限5年，月折旧率1.6%。房屋分布明细如下：管理部门100万元；生产部门250万元；销售部门50万元，房产税每年4.368万元，每月3640元。生产部门机器设备140万。管理部门运输设备（2辆微型车）30万元。其他设备（管理部门10万元；生产部门10万元；销售部门10万元）

使用部门 净残值4%	房屋 原值	机器 设备	运输 设备	其他 设备	月折 旧额	会计科目
月折旧率	0.4%	0.8%	1.6%	1.6%		
生产部门	250	140		10	2.28	制造费用
管理部门	100		30	10	1.04	管理费用
销售部门	50			10	0.36	销售费用
原值合计	400	140	30	30		
折旧合计	1.6	1.12	0.48	0.48	3.68	

（16）12月17日，购买一台设备，价税合计226000元，取得增值税专用发票，交付管理部门使用。

借：固定资产	200000
应交税费——应交增值税（进项税额）	26000
贷：银行存款	226000

（17）12月18日，网银支付广告费3000元，取得增值税普通发票。如果取得专用发票可以抵扣。

借：销售费用　　　　　　　　　　　　　　　　3000

　　贷：银行存款　　　　　　　　　　　　　　　3000

（18）12月19日，向红十字捐款2万元。

借：营业外支出　　　　　　　　　　　　　　　20000

　　贷：银行存款　　　　　　　　　　　　　　　20000

（19）12月20日，工商银行存款利息收入1500元。

借：银行存款　　　　　　　　　　　　　　　　1500

　　贷：财务费用　　　　　　　　　　　　　　　1500

（20）12月20日，工商银行收取各种手续费2400元。

借：财务费用　　　　　　　　　　　　　　　　2400

　　贷：银行存款　　　　　　　　　　　　　　　2400

（21）12月20日，归还短期借款本金200万元，利息3万元，该借款系2021年6月20日取得，年利率6%，期限半年，按季付息到期还本。已计提利息2万元。

借：短期借款　　　　　　　　　　　　　　　2000000

　　财务费用　　　　　　　　　　　　　　　　10000

　　应付利息　　　　　　　　　　　　　　　　20000

　　贷：银行存款　　　　　　　　　　　　　　2030000

（22）12月24日，按实际进餐人数和实际天数，每人每餐10元的标准，支付本月职工中餐补贴2万元，按实际发生数列支职工福利费。

借：应付职工薪酬——职工福利　　　　　　　　20000

　　贷：银行存款　　　　　　　　　　　　　　　20000

借：管理费用　　　　　　　　　　　　　　　　20000

　　贷：应付职工薪酬——职工福利费　　　　　　20000

（23）12月25日，支付本月电费价税合计1404000元，按使用量分配：车间102000元，管理部门12000元，销售部门6000元。

借：制造费用　　　　　　　　　　　　　　　102000

　　管理费用　　　　　　　　　　　　　　　　12000

　　销售费用　　　　　　　　　　　　　　　　6000

　　应交税费——应交增值税（进项税额）　　　15600

　　贷：银行存款　　　　　　　　　　　　　　135600

（24）12月26日，支付本月水费，本月用水4000吨，每吨不含税价2.5元，价税合计10300元。取得3%的增值税专用发票。按照使用量分配：车间6000元，管理部门3200元，销售部门800元。

借：制造费用　　　　　　　　　　　　　　　　6000

管理费用	3200
销售费用	800
应交税费——应交增值税（进项税额）	300
贷：银行存款	10300

（25）12月27日，销售给大发公司500件甲产品，单价2500元，货款已经收到，开出增值税专用发票。销售乙产品500件，单价2400元，开出增值税专用发票，采用商业汇票结算。

借：银行存款	1412500
贷：主营业务收入	1250000
应交税费——应交增值税（销项税额）	162500
借：应收票据	1356000
贷：主营业务收入——乙产品	1200000
应交税费——应交增值税（销项税额）	156000

（26）12月27日，应收西北公司的一笔货款80万元到期，由于西北公司发生财务困难，与西北公司进行协商，减免3万元债务，其余部分立即以现金偿还（坏账损失采用直接转销法）。

借：银行存款	770000
营业外支出	30000
贷：应收账款	800000

（27）12月30日，分配本月工资费用32万元，按工资的2%计提工会经费6400元。

借：生产成本——甲（直接人工）	146880
——乙（直接人工）	97920
制造费用	11220
管理费用	46920
销售费用	23460
贷：应付职工薪酬——工资	320000
——工会经费	6400

（28）12月30日，缴费基数32万元，按32%提取社会保险，合计102400元，按7%提取住房公积金22400元。

借：生产成本——甲（直接人工）	56160
——乙（直接人工）	37440
制造费用	4290
管理费用	17940
销售费用	8970
贷：应付职工薪酬——社保	102400
——住房公积金	22400

（29）12月31日，缴纳本月工会经费6400元。

借：应付职工薪酬——工会经费　　　　　　　　　　6400

贷：银行存款　　　　　　　　　　　　　　　　　　　　6400

（30）12月18日，销售人员报销差旅费6668元，已用现金支票结算。

借：销售费用　　　　　　　　　　　　　　　　　　6668

贷：银行存款　　　　　　　　　　　　　　　　　　　　6668

（31）12月31日，汇总一车间制造费用并按工资比例分配。

借：生产成本——甲（制造费用）　　　　　　　　　87786

　　　　　　——乙（制造费用）　　　　　　　　　58524

贷：制造费用　　　　　　　　　　　　　　　　　　　146310

（32）12月31日，甲产品本月完工入库500件，计算甲产品成本。乙产品本月完工入库500件，计算乙产品成本。采用约当产量法，材料一次性投入，在产品完工率50%。

借：库存商品——甲产品（1725×500=862500）

贷：生产成本——甲　　　　　　　　　　　　　　　862500

借：库存商品——丁产品（1656×500=828000）

贷：生产成本——丁　　　　　　　　　　　　　　　828000

成本计算单——甲

甲期初在产品100件；本月投产600件；完工500件；期末在产品200件				
成本项目	直接材料	直接人工	制造费用	合计
月初在产品成本	77600	20760	7614	105974
本月生产费用	757500	203040	87786	1048326
生产费用合计	835100	223800	95400	1154300
完工产品总成本	596500	186500	79500	862500
完工产品单位成本	1193	373	159	1725
月末在产品成本	238600	37300	15900	291800

成本计算单——乙

乙期初在产品200件；本月投产400件；完工500件；期末在产品100件				
成本项目	直接材料	直接人工	制造费用	合计
月初在产品成本	241200	36790	14626	292616
本月生产费用	484800	135360	58524	678684
生产费用合计	726000	172150	73150	971300
完工产品总成本	605000	156500	66500	828000
完工产品单位成本	1210	313	133	1656
月末在产品成本	121000	15650	6650	143300

（33）12月31日，月初甲产品50件，单位成本1728元，月初乙产品100件，单位成本1660元，本月销售甲产品500件，销售乙产品500件。采用先进先出法计算结转本期销售产品的成本。

借：主营业务成本　　　　　　　　　　　　　　　　1691050

　　贷：库存商品——甲产品　　　　　　　　　　　　862650

　　　　　　　　——乙产品　　　　　　　　　　　　828400

（34）12月31日，本月进项税额已经认证，月末转出未交增值税。应缴增值税＝331890－215840＝116050元。

借：应交税费——应交增值税　　　　　　　　　　　116050

　　贷：应交税费——未交增值税　　　　　　　　　　116050

（35）12月31日，计算本月应缴的城建税8123.5元、教育费附加3481.5元、地方教育附加2321元。

借：税金及附加　　　　　　　　　　　　　　　　　　13926

　　贷：应交税费——应交城建税　　　　　　　　　　8123.5

　　　　　　　　——应交教育费附加　　　　　　　　3481.5

　　　　　　　　——应交地方教育附加　　　　　　　2321

（36）2022年末出资150万元组建汉街有限责任公司，拥有公司40%股份，准备长期持有，汉街公司2023年盈利30万元，2024年盈利40万元，2024年分配现金股利25万元，公司2024年12月31日，实际分得现金股利10万元。小企业会计准则长期股权投资采用成本法核算。

借：银行存款　　　　　　　　　　　　　　　　　　100000

　　贷：投资收益　　　　　　　　　　　　　　　　　100000

（37）12月31日，结转各项收入和费用。

借：主营业务收入　　　　　　　　　　　　　　　　2450000

　　投资收益　　　　　　　　　　　　　　　　　　100000

　　贷：本年利润　　　　　　　　　　　　　　　　　2550000

借：本年利润　　　　　　　　　　　　　　　　　　2050000

　　贷：主营业务成本　　　　　　　　　　　　　　　1691050

　　　　税金及附加　　　　　　　　　　　　　　　　29487

　　　　财务费用　　　　　　　　　　　　　　　　　10900

　　　　管理费用　　　　　　　　　　　　　　　　　176665

　　　　销售费用　　　　　　　　　　　　　　　　　52498

　　　　营业外支出　　　　　　　　　　　　　　　　89400

（38）2024年1—11月实现利润总额550万元，累计实际利润550万元，累计预缴企业所得税137.5万元，所得税费用137.5万元，净利润412.5万元。本月利润总额50万元，实际利润40万元，本月应预缴所得税（40×25%）10万元。全年实现销售收入2800万元，全年招待费实际开支20万元，全年超支8万元，投资收益纳税调减10万元，无其他纳税调整事项。实际工作中汇算清缴在第二年。全年应交所得税=（600-10+8）×25%=149.5万元，149.5-137.5-10=2万元，汇算补缴2万元。12月31日，计算并结转所得税费用12万元。所得税采用应付税款法。

借：所得税费用		120000
贷：应交税费——企业所得税		120000
借：本年利润		120000
贷：所得税费用		120000

（39）本月实现利润总额50万元，应预缴所得税10万元，汇算清缴应补缴所得税2万元，所得税费用12万元，净利润38万元。全年实现利润总额600万元，全年所得税费用149.5万元，全年净利润450.5万元。计提盈余公积90.1万元。决定分配利润100万元，尚未支付。

借：利润分配——提取盈余公积		901000
贷：盈余公积		901000
借：利润分配——应付利润		1000000
贷：应付利润		1000000

（40）年终结转本年利润450.5万元，包括1—11月的净利润412.5万元。年终结转利润分配的其他明细科目。

借：本年利润		4505000
贷：利润分配——未分配利润		4505000
借：利润分配——未分配利润		1901000
贷：利润分配——提取盈余公积		901000
——应付利润		1000000

第三节　期末会计处理

一、试算平衡表

总账科目	期初余额		本期发生额		期末余额	
	借方	贷方	借方	贷方	借方	贷方
银行存款	4416873		2400390	4740933	2076330	
应收票据	1886000		1356000		3242000	
应收账款	4000000			800000	3200000	
其他应收款	50000			20000	30000	

续表

总账科目	期初余额		本期发生额		期末余额	
	借方	贷方	借方	贷方	借方	贷方
在途物资	0		1338000	1338000	0	
原材料	151300		1338000	1242300	247000	
生产成本	398590		1727010	1690500	435100	
制造费用			146310	146310	0	
库存商品	252400		1690500	1691050	251850	
长期股权投资	1500000		0	0	1500000	
固定资产	6000000		200000	200000	6000000	
累计折旧		1288000	57600	36800		1267200
固定资产清理	0		142400	142400	0	
无形资产	1200000				1200000	
累计摊销		87500		2500		90000
短期借款		2000000	2000000			0
应付票据		45890				45890
应付账款		80443				80443
应付职工薪酬		444800	471200	471200		444800
应交税费		268530	612540	597957		253947
应付利息		20000	20000			0
应付利润		0		1000000		1000000
主营业务收入			2450000	2450000		
投资收益			100000	100000		
主营业务成本			1691050	1691050		
税金及附加			29487	29487		
销售费用			52498	52498		
管理费用			176665	176665		
财务费用			12400	12400		
营业外支出			89400	89400		
所得税费用			120000	120000		
本年利润		4125000	6675000	2550000		
利润分配		4396000	3802000	6406000		7000000

总账科目	期初余额		本期发生额		期末余额	
	借方	贷方	借方	贷方	借方	贷方
实收资本		6000000				6000000
盈余公积		1099000		901000		2000000
合计	19855163	19855163	28698450	28698450	18182280	18182280
期初：资产18479663，负债2859663，权益15620000；期末：资产16825080，负债1825080，权益15000000						

二、资产负债表　会小企01表

资产	期初	期末	负债和权益	期初	期末
流动资产：			流动负债：		
货币资金	4416873	2076330	短期借款	2000000	0
短期投资			应付票据	45890	45890
应收票据	1886000	3242000	应付账款	80443	80443
应收账款	4000000	3200000	预收账款		
预付账款			应付职工薪酬	444800	444800
应收股利			应交税费	268530	253947
应收利息			应付利息	20000	
其他应收款	50000	30000	应付利润		1000000
存货	802290	933950	其他应付款		
其中：原材料	151300	247000	其他流动负债		
在产品	398590	435100	流动负债合计	2859663	1825080
库存商品	252400	251850	非流动负债：		
周转材料			长期借款		
其他流动资产			长期应付款		
流动资产合计	11155163	9482280	递延收益		
非流动资产：			其他非流动负债		
长期债券投资			非流负债合计	0	0
长期股权投资	1500000	1500000	负债合计	2859663	1825080
固定资产原价	6000000	6000000			
减：累计折旧	1288000	1267200			

续表

资产	期初	期末	负债和权益	期初	期末
固定资产账面价值	4712000	4732800			
在建工程					
工程物资					
固定资产清理					
生产性生物资产			所有者权益：		
无形资产	1112500	1110000	实收资本	6000000	6000000
开发支出			资本公积		
长期待摊费用			盈余公积	1099000	2000000
其他非流动资产			未分配利润	8521000	7000000
非流动资产合计	7324500	7342800	所有者权益合计	15620000	15000000
资产总计	18479663	16825080	负债和所有者权益总计	18479663	16825080

三、利润表　会小企02表

项目	本年累计金额	本月金额
一、营业收入		2450000
减：营业成本		1691050
税金及附加		29487
其中：消费税		0
城市维护建设税		8123.5
资源税		0
土地增值税		0
城镇土地使用税、房产税、车船税、印花税		15561
教育费附加、地方教育附加、矿产资源补偿费、排污费		5 802.5
销售费用		52498
其中：商品维修费		0
广告费和业务宣传费		3000
管理费用		176665

续表

项目	本年累计金额	本月金额
其中：开办费		0
业务招待费		9570
研究费用		0
财务费用		10900
其中：利息费用（收入以"–"号填列）		8500
加：投资收益（损失以"–"号填列）		100000
二、营业利润（亏损以"–"号填列）		589400
加：营业外收入		0
其中：政府补助		0
减：营业外支出		89400
其中：坏账损失		30000
无法收回的长期债券投资损失		0
无法收回的长期股权投资损失		0
自然灾害等不可抗力因素造成的损失		0
税收滞纳金		0
三、利润总额（亏损总额以"–"号填列）		500000
减：所得税费用		120000
四、净利润（净亏损以"–"号填列）		380000

四、现金流量表　会小企03表

项目	本年累计金额	本月金额
一、经营活动产生的现金流量		
销售产品、商品、提供劳务收到的现金		2182500
收到其他与经营活动有关的现金		
购买原材料、商品、接受劳务支付的现金		1657840
支付的职工薪酬		444800
支付的税费		280120
支付其他与经营活动有关的现金		100673
经营活动产生的现金流量净额		−300933

续表

项目	本年累计金额	本月金额
二、投资活动产生的现金流量		
收回短期投资、长期债券投资和长期股权投资收到的现金		
取得投资收益收到的现金		100000
处置固定资产、无形资产和其他非流动资产收回的现金净额		116390
短期投资、长期债券投资和长期股权投资支付的现金		
购建固定资产、无形资产和其他非流动资产支付的现金		226000
投资活动产生的现金流量净额		−9610
三、筹资活动产生的现金流量		
取得借款收到的现金		
吸收投资者投资收到的现金		
偿还借款本金支付的现金		2000000
偿还借款利息支付的现金		30000
分配利润支付的现金		
筹资活动产生的现金流量净额		−2030000
四、现金净增加额		−2340543
加：期初现金余额		4416873
五、期末现金余额		2076330

参考文献

［1］中华人民共和国财政部.企业会计准则：合订本【M】.北京：经济科学出版社，2020.

［2］胡顺义，刘春玲，郭彦.税务会计【M】.2版.南京：南京大学出版社，2023.

［3］中国资产评估协会.财务会计【M】.北京：经济科学出版社，2016.

［4］全国注册税务师执业资格考试教材编写组.财务与会计【M】.北京：中国税务出版社，2014.

［5］中国注册会计师协会.会计【M】.北京：中国财政经济出版社，2007.

［6］中国注册会计师协会.税法【M】.北京：中国财政经济出版社，2022.

［7］财政部会计资格评价中心.中级会计实务【M】.北京：经济科学出版社，2021.